BBC自然探索

Planet Earth II A new world revealed

地球脉动 2 奇迹世界

［英 ］斯蒂芬·莫斯（Stephen Moss） 著

丁亚琼 刘晓艳 葛文逸 谷禹 译

人 民 邮 电 出 版 社

北 京

目 录

序　言

大卫·阿滕伯勒

在过去的几十年里，我们生活的这个星球的形象发生了翻天覆地的变化。60年前，除了在乡下，我们几乎只能在书中看到动物的照片。电影院里偶尔会放映一些有关动物的影片，但都是我们熟悉的那些动物，有时或许能看到狮子、老虎和大象，但可能从未看到过土豚、穿山甲和极乐鸟。

电视开始改变这种状况。当时的电子摄像机大小和冰箱一样，必须装在车上推拉。这种摄像机所需的电力超出任何电池的负荷能力。所以，如果想在电视上看到演播室外的奇异动物，就不得不使用胶片。尽管胶片摄像机理论上在技术娴熟且双手有力的摄像师手里显得很轻便，但实际上却难以携带，且以惊人的速度消耗大量的35毫米胶片。当你想深入拍摄某种害羞且令人难以捉摸的动物时，这种摄像机肯定会给你带来不便。

到了20世纪50年代中期，情况开始发生变化，为电视台工作的摄像师开始使用那时只为摄影爱好者设计的摄像机，也就是只使用16毫米胶片的小型摄像机。

地球胜景。 大卫·阿滕伯勒和工作人员乘坐热气球升到阿尔卑斯山脉海拔3 000米的高空俯瞰山地景观，大卫还为《地球脉动2》做了解说。这一场景是从直升机上拍摄的。

对于我们这些努力制作自然史节目的人来说，这是一个幸福的时刻：即使是在非洲，那里的很多动物都早已为人们熟知，我们仍然可以轻而易举地找到大多数观众前所未见的动物——瞪羚和豪猪、犀鸟和织布鸟、蜥蜴和海龟。我们去其他大陆的话，更是惊喜连连——袋熊和一角鲸（又称独角鲸）、蜂鸟和犰狳、海牛和树懒。很快，各种各样的奇异动物开始出现在我们客厅中那个闪烁的盒子里。我们可以保证，几乎每部大型系列纪录片都向观众呈现了以前从未拍摄过的动物。

电子摄像机自发明以来一直在更新换代。它们变得更小，更易于掌控，更稳定可靠。到了 20 世纪 80 年代中期，它们可以用电池供电，电池体积小、寿命长，可以带到最偏远的丛林、最高的山脉和最荒凉的原野。不过一些摄像师仍然使用陈旧的胶片摄像机，抵制这些新设备。他们说，如果旧设备出了毛病，用螺丝刀还有希望修好，要是换作这些新奇的电子设备，可就修不好了。

但电子摄像机具有巨大的优势。胶片在进行处理之前，可能会因为潮湿或刮擦而损坏。而使用电子摄像机，你可以不用再曝光一卷又一卷昂贵的胶片，而是用一张小小的卡记录一切。你可以尽情使用，因为记忆卡可擦拭又便宜。你不用再等待胶片的处理过程——有时得等上好几个月，而是可以即刻重播影片，看看你是否记录下了你想要拍摄的内容。

这些优势本身就足以说服我们大多数人做出改变，10 年内，几乎所有的自然史纪录片的制片人都这样做了。我们开始意识到，在不知不觉中，我们进入了一个新时代。最重要的是，电子图像可以在屏幕上观看，而这些屏幕与拍摄影片的摄像机是可分离的：你可以把一个小得可以忽略不计的微型摄像头放在鸟巢边，然后轻轻松松在 1 000 米外的帐篷里观察鸟巢里的情况。你不再需要把手指放在开始按钮上，在动物做些有趣的事情时——或者在那之前——随时准备按下。现在你可以使用一台即时重播装置，它可以在你按下录制按钮前自动录制 30 秒。我们甚至可以安置一台无人看管的摄像机，感应到动物的动作就自动开启，动物长时间没有动静时就自动关闭。我们称这些设备为"摄像机陷阱"，尽管它们只能捕获图像。

▲ **最后的荒野奇观。** 豪猪和驯鹿群穿越阿拉斯加的北极国家野生动物保护区，从繁殖地一路奔向丘陵和山脉地区。这是《地球脉动 2》拍摄的伟大的迁徙壮景。这些动物的繁殖地现在受到了石油开采的威胁。

要是用胶片摄像机，就不可能有这些。

对于我们这些制作自然史纪录片的人来说，这是一种解放。然而，对于大多数观众来说，这一变化几乎没有给他们留下印象——除了一年又一年，图像来自越来越遥远的地方，展现了之前从未有人知道的事件、动物及其行为。令人难忘的系列纪录片接踵而至——《地球脉动》《蓝色星球》《冰冻星球》《非洲》《猎捕》——每部系列纪录片都展现了新奇迹，给人

们带来了新的启示。

现在有了《地球脉动2》。我记得20年前，在计划制作新系列纪录片的时候，我们考虑过拍摄有关雪豹的片段。之前没人拍摄过这种奇妙而神秘的野生动物。我们对雪豹进行了详细研究，但我们了解得越多，就越觉得拍摄的可能性微乎其微。最后，我们认定，这种动物的稀有性和它们居住的喜马拉雅地区的广袤与空旷使这个项目不切实际，我们便放弃了。

然而在10年前，制作《地球脉动》系列纪录片的团队比我们当时勇敢得多。两个经验丰富的自然史摄影师承担了这份工作，本书稍后会讲讲他们的故事。他们耐心工作了两年多。最后，其中一位摄影师捕捉到了令人难忘的雪豹跟踪、追逐，最后扑向喜马拉雅山羊的画面，而山羊以惊人

▲ **遇到危险**。《地球脉动 2》系列纪录片中的雌雪豹明星（右）试图赶走一只可能威胁它未成年的幼崽的雄雪豹，这情景从未有人看到过，更不用说拍摄到了。

的力量脱身，跳进河里逃走了。对于一幅雪豹狩猎图来说，这确实是无法超越的。但现在，新的技术使《地球脉动 2》得以更进一步，制片人决定尝试拍摄这最特立独行的猫科动物的社会生活。为了做到这一点，他们部署了 20 台运动感应摄像机。拍摄成品不仅让电视观众兴奋不已，还揭示了雪豹行为的一些方面，这对于多年来一直在研究这些奇妙动物的科学家们来说，也可谓耳目一新。而这只是这一新系列纪录片中令人叹为观止的成就之一。

所有这些都重要吗？所有这些技术发明和人类的努力给我们带来的，除了精彩绝伦且令人难忘的电视系列片外，还有什么吗？我相信有。自人类出现以来，这个星球上的人口已经翻了几倍，与我们共享世界的其他生物的空间因而变得越来越有限。《地球脉动 2》这样的系列纪录片设法使我们更加了解自然世界，了解它的运作方式，以及它继续存在下去所需要的条件。

自然世界的状态对我们至关重要。我们依赖于自然世界给予我们所有的食物，供给我们呼吸的空气。它的健康就是我们的健康。它的状态与我们息息相关。

第 1 章
丛 林

热带雨林是我们的星球上最具生物多样性的地方。在最新统计出的地球上大约870万种植物和动物物种中，有一半以上生活在热带雨林；25 000平方米的亚马孙雨林就包含了1 000多种树木，而整个不列颠群岛还不到100种。热带雨林也是地球的肺，它们将二氧化碳转化为氧气，这对维持几乎所有生命的生存都至关重要。

亚马孙地区拥有200多万种昆虫、40 000种植物、400多种哺乳动物和1 300种鸟类——这儿的鸟类比整个北美洲和欧洲的还多。

像这样的热带雨林是我们唾手可得的许多食物的原始家园，如水果、蔬菜、香料和坚果。在今天，科学家们仍然能在热带雨林的植物中发现新药。有这么多的食物和栖息地，难怪更多的物种在这里进化得比在其他地方更快速、更频繁。

这些巨大的树木迷宫不仅是"生命的摇篮"，也是"生命博物馆"，让物种扩散到其他栖息地。毕竟，这里就是人类的祖先灵长类动物在去非洲草原冒险之前所生活的地方。但这个天堂有一个很大的缺点。这里有生物所需要的一切并不意味着生活很容易。随着多种多样的物种在这里进化，热带雨林变成了最具竞争力的地方——就连找到自己的活动空间可能都是一个挑战——机会伴随着危险。要在这个拥挤的地方生存和茁壮成长，你需要找到属于你的位置并适应它。这是生活在丛林中的每一个生物所面临的挑战。

◀（第12~13页）丛林的黎明。在位于马来西亚沙巴地区丹浓谷的加里曼丹岛热带雨林里的日出——这里拥有种类繁多的植物和动物，也是猩猩的家园。

◀ 叶蛙聚集点。在哥斯达黎加拉塞尔瓦一个热带雨林的池塘附近，叶蛙正在交配。这种大规模的交配通常是在旱季结束时由暴雨引发的。

"五肢"摇摆者

从高处看，森林冠层就像一整张绿色的毯子。但这不是真的。热带雨林是由不同的树种错综排列在一起形成的，有些树有美味的叶子和果实，有些树叶子和果实不可食用，甚至有毒。每种树都不限于生长在特定的区域——相同种类的不同个体可能相距很远。所以如果热带雨林中的动物以一个特定的树种为食，它们就要知道这个树种在哪里以及如何找到它。蜘蛛猴已经学会了这种技能，它们在脑中绘制了自己家园的地图。

蜘蛛猴栖息在美洲中南部的热带森林中，从南部的巴西到北部的墨西哥都有分布。它们住在热带雨林的冠层中，动作轻巧敏捷，主要利用它们优秀的色觉和前向的眼睛发现高热量的成熟水果。它们因细长的四肢和尾巴宛如蜘蛛腿而得名，尾巴可以作为第五肢，使它们在寻找水果时能够轻松地在树木的上层移动。作为社会性动物，它们往往集成30多只的一群一起生活，但它们可能会分成较小的团体去寻找食物。

成年蜘蛛猴是优秀的攀爬者和觅食者。它们的宝宝像其他年轻的哺乳动物一样，通过探索周围的环境来不断学习、尝试，以发现获取食物的最佳地点以及获得食物的最好方法——这有时是最困难的。

在这个远高于地面的复杂三维世界中，任何错误都可能是致命的。在跟随母亲和其他动物的过程中，幼猴很快发现，并不是所有的树都是一样的：有些很湿滑，有些树木之间的距离太远无法跳过。只要它们保持其"五肢"（包括那个惊人的尾巴）中的至少两个与树接触，就没有问题。幸运的是，如果它们滑倒了——它们以后更有自信的时候会故意这么做——尾巴相当于一根安全绳，可以挽救它们的生命。当蜘蛛猴掉下树时，它们的尾巴会自动锁紧其缠绕着的树枝。所以虽然幼猴被悬挂在半空中，但它们是安全的。它们的母亲会来救它们，母亲会用自己的身体搭成一座桥。新世界中高处栖息的许多猴类都各自进化出了善于抓握的尾巴，但最高明的还是蜘蛛猴，它们的尾巴用于移动和觅食——特别是当它们需要摘的水果在一根非常细长的树枝枝头附近的时候。

▶ **悠悠荡荡。** 在哥斯达黎加的热带雨林，一只黑掌蜘蛛猴挂在一根树枝上，使用它善于抓握的尾巴作为第五肢，而它的宝宝用自己的尾巴卷着妈妈的尾巴。蜘蛛猴主要以树冠层顶部的植物果实为食。它们在细长的树枝之间悠荡，寻找成熟的水果——这是蜘蛛猴的首选食物。修长的四肢和尾巴对于这种树梢上的生活至关重要。

▲ **发出警告。**在马来西亚的热带雨林中，一只雄性飞蜥守卫着自己的领地，掀起它的喉扇副翼警告另一只飞蜥。喉扇也是它让雌性信服的有效装备。

◀ **滑翔技术。**一只飞蜥展开它雨伞一样的肋骨，使得肋骨之间的皮肤伸展形成翼膜。成年雄性飞蜥可以使用它们的长尾巴作为舵滑翔到其他树上。它们脖子上的襟翼对控制滑行也有帮助。

飞翔的蜥蜴

动物的身材越小，就越难在丛林中自如穿梭。对于东南亚丛林中的飞蜥来说，走在森林的地面上可能是危险的，但树顶生活又有别样的挑战。猴子用一个简单的跳跃动作就能越过的距离，对飞蜥来说可能是一道鸿沟，而且它们面临着一个更迫切的问题。像许多小动物一样，它们的新陈代谢很迅速，需要蚂蚁、白蚁这样的食物提供稳定的能量。因此，它们逐渐成为寻找蚂蚁痕迹的专家，这里的痕迹指的是蚂蚁离开巢穴寻找食物时留下的气味。飞蜥所要做的就是等待蚂蚁大队的到来——只要没有其他飞蜥在树上守卫这片领地。如果竞争对手体形比自己大，它们会将喉咙下的副翼一开一合作为警告。体形较小的飞蜥别无选择，只能离开，但它们也无须爬树离开。它们只需要展开其超长的肋骨，形成翼膜，跳到半空中，凭借其长长的尾巴进行转向，滑翔到相邻的树上，再次开始寻觅食物。

鸟以花生

提及战斗或逃跑，就不能不提到热带鸟类中的一种。蜂鸟家族是世界上所有的鸟类家族中最专业而且最成功的家族之一。世界上有 300 多种蜂鸟，遍布整个北美洲和南美洲。从古巴的世界上最小的鸟类——吸蜜蜂鸟，到南美洲西部的画眉大小的巨蜂鸟，这些蜂鸟有一个共同点：它们已经进化出吸食各种各样花蜜的适应性，能利用快速并精确控制的飞行技术吸食花蜜。

蜂鸟是一个很好的例子，能够说明热带雨林这样的复杂环境是如何为同一大类物种的许多子类提供家园的。每一个物种都已经进化出微小的区别，能够用各种方法充分利用丰富的食物资源。拿蜂鸟来说，它们按以不同高度植物的花和一天中不同时间开的花或不同种类的花的花蜜为生来做区分。有些鸟雌雄之间的喙长甚至存在差异，这样雄性和雌性都能够在同一片栖息地中获得不同的食物资源。因为采取了这样的高能耗生活方式，它们需要频繁而定期地进食，而鉴于它们的大小，它们又都是争强好胜的，会为了含最多花蜜的花而互相争斗。

同时竞争的蜂鸟的种类太多了，所以特立独行是难能可贵的，而没有哪种鸟比在海拔 2 500~3 000 米的安第斯山脉潮湿的山地森林中栖息的刀嘴蜂鸟更特别的了。鸟如其名，刀嘴蜂鸟的喙很长——非常长，事实上，有 9~11 厘米，甚至比它们的身体还长——它们的喙长与身长的比例比世界上其他任何鸟都大。它们已进化为可以吸食花冠非常长的花朵（如西番莲）的花蜜的特殊品种——短喙蜂鸟够不到里面的花蜜。如此一来，刀嘴蜂鸟避免了竞争，并在这个拥挤的世界找到了自己的位置，同时这种花冠非常长的花也有了为其授粉的独特鸟类。

▶ **花蜜换花粉。**一只雌性火山蜂鸟从云雾森林的峨塔兰属花中吸食花蜜，鸟喙上沾满了花粉。它以固定路线穿梭于相同种类的花朵间，当它有幼鸟的时候，一天会吸食几百朵花。

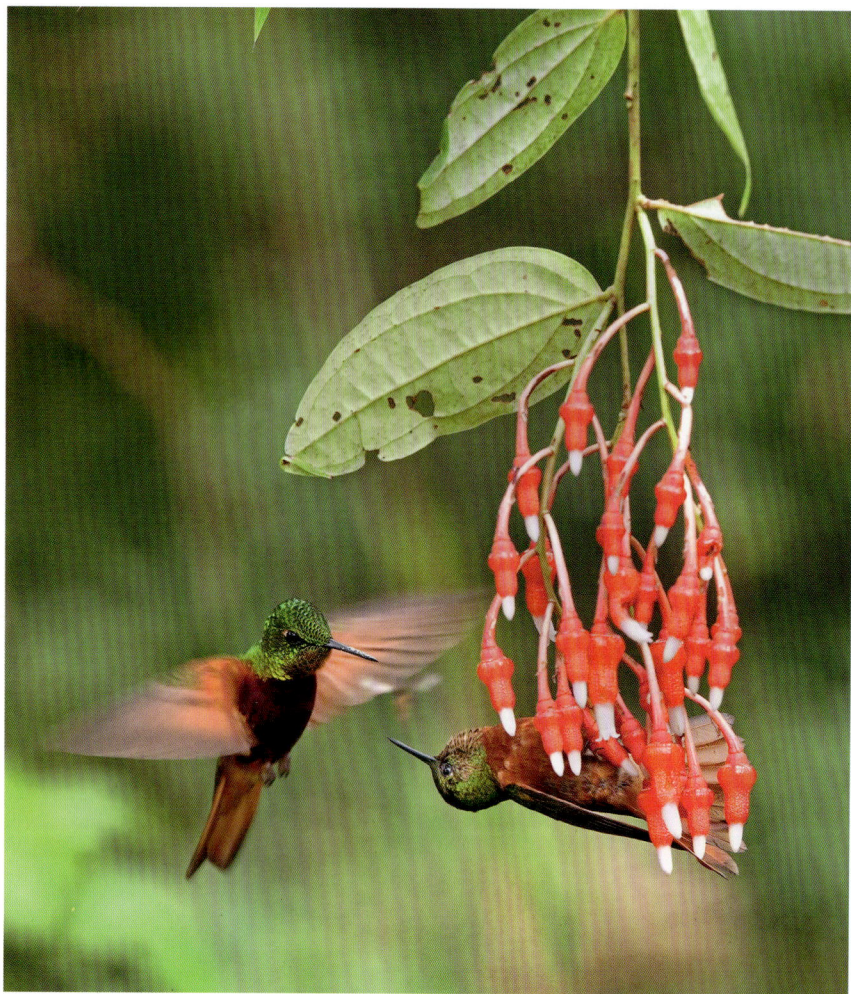

◀ 花斗。在厄瓜多尔的山林，栗胸冕蜂鸟之间为了花蜜进行争斗。抓着花的雄鸟可能是领地的主人，正在捍卫它的蜜源，这种小花与它较短的喙完美匹配。

▶ 长饮。一只刀嘴蜂鸟在厄瓜多尔的云雾森林中吸食西番莲的花蜜。它们10厘米长的喙与极长的花冠匹配，它们是唯一一种为这种安第斯高原植物授粉的生物。刀嘴蜂鸟会定期往返于植株之间，查看哪些是新开的花朵。

　　但是刀嘴蜂鸟因为超长的喙面临着两个问题。当花蜜匮乏时，蜂鸟会捕食小昆虫，这也是为它们的幼鸟补充蛋白质的重要方式。对于刀嘴蜂鸟来说，用它们巨大的喙捕捉飞行的昆虫是非常困难的。它们的解决方案是像褐雨燕一样在飞行中尽量张开它们的喙，以最大化捕捉成功的概率。另外一个问题是如何梳理它们的羽毛，答案很简单——用它们的脚。

臭鸟和神奇的河豚

　　所有的雨林都有定期且大量的降雨，雨水虽然滋养了万物，但是也给在此栖息的生物们带来了直接和长期的问题。当开始下雨的时候——在一些地方每天的同一时间都会下雨——许多动物会寻求避雨地。小的动物，如鸣禽和昆虫会躲在洞里或者藏在树干与树枝上，较大的动物则躲在它们能找到的任何能挡雨的地方下面。下大雨的时候，猩猩甚至会用大叶子作为临时的雨伞。

　　定期的强降雨创造了一些特殊的栖息地，其中一个位于巴西内陆的阿拉瓜亚河，那里的森林在一年中的大部分时间都被水淹没。这种被季节性

▲ **午后的倾盆大雨。**澳大利亚热带雨林一场普通的午后降雨。凭借大量的降水和一年四季的阳光，热带雨林——现只占地球土地面积的6%——为地球已知的一半以上的植物和动物提供了完美的生存条件。

▶ **被洪水淹没的森林。**阳光穿过位于巴西北部的亚马孙河流域沿岸树木的树冠，这一流域是很多特殊动物的家园，比如淡水豚。

◀ **爬回来。**一只麝雉幼鸟爪趾并用，爬上了鸟巢旁边的树枝。鸟巢筑在河上方，幼鸟可以跳入水中逃离捕食者。一旦危险过去，幼鸟会利用翅膀和脚上的爪子爬回巢里。麝雉是唯一现存的使用翅膀上的爪子进行攀爬的鸟类，幼鸟成年之后，爪子就会消失。

▶ **母亲的注视。**一只雌性麝雉在照顾它的幼鸟，它有一群帮手，一般是前一年出生、还未到哺育期的幼鸟，这种合作的行为在鸟类世界中非常少见。

淹没的雨林叫作瓦尔泽亚，在整个亚马孙河流域都有分布。在雨季，大量降雨导致水位上升——有时会上升 10~15 米。在这里栖息的生物都适应了这种水世界，其中有一种非常独特的鸟类——麝雉，它们也在南美洲北部的其他热带地区森林湿地中栖息。这种鸟非常与众不同，它们不仅有自己的科，还有自己的目——麝雉目。麝雉的拉丁学名为 *Opisthocomus hoazin*，指的是鸟的毛茸茸的头部，意思是"留着披肩发的雉"。它们消化食物时的发酵过程会散发出难闻的气味，所以当地人都称这种鸟为臭鸟。

野鸡大小的麝雉瞪着一双红色的眼睛，总是一副相当惊讶的表情。它们最独特的地方是幼鸟的翅膀上有利爪，让人联想起数千万甚至上亿年前恐龙时代的始祖鸟。如果受到入侵者的威胁，麝雉幼鸟会逃出鸟巢，跳进水中游起泳来——如果有必要，甚至会潜入水中——用它们的脚和翅膀。一旦危险过去，它们会利用翅膀上的爪子爬回巢里。

成年麝雉翅膀上没有了爪子，也无法游泳，它们甚至不是很会飞。这是因为它们专门食用的叶子需要巨大的前肠来消化，它们吃饱的时候，体内叶子的质量高达体重的 25%。为了给胃腾出空间，它们的胸骨比同样体形的鸟类更小。这意味着它们只能勉强——还需要非常努力——用翅膀飞行很短的距离。此外，麝雉无法轻松地行走，必须花很多时间消化一肚子的树叶，这使得它们成为最不爱活动的鸟类之一。

在被洪水淹没的森林中发现的最大的动物是 3 种河豚：亚马孙河和奥里诺科河流域的亚马孙河豚，也叫作博托河豚；马德拉河（亚马孙河主要的支流）上游流域的玻利维亚河豚，它们因此地的众多急流而被从亚马孙河中隔离出来；以及阿拉瓜亚河豚——一个非常罕见的物种，非常稀少，直到 2014 年才有科学记录。阿拉瓜亚河豚可能在 200 万年前被隔离，那时候巴西的阿拉瓜亚 – 托坎廷斯流域因为瀑布和急流与亚马孙河系统中的其余河流分离。

这 3 种南美河豚是全球最大的淡水豚，达到了 2.5 米长、体重 200 千克以上。它们比海豚有更灵活的身体和柔软的皮肤，它们游泳的速度不那么快，但身姿更灵活，尤其擅长急转腾挪，这在迷宫一样的河系中追逐猎物时是一个关键的优势。它们在被洪水淹没的森林中可以辗转腾挪，利用一只大鳍前进，利用其他鳍状肢向后倒游。它们有锋利的牙齿，前齿用于咬住猎物，后齿用于咬碎猎物，如鲇鱼和螃蟹。

作为大型河流哺乳动物，河豚不可避免地与那些生活在河流旁边的人们有着密切的关系。生存并不是容易的事：河豚会被渔船撞到，或者误入渔网或被渔网所伤，然后被淹死，人类定居者迁入该地区后也会捕捉它们用作鱼饵。但这种动物也被森林居民们视为精灵——一种可以从动物转化为人类，然后再转化回去的神奇动物。

▶ **森林河豚。** 一只亚马孙河豚，或者叫博托河豚，在巴西里约内格罗河的泥泞污水中游过森林。这种动物几乎不需要视力，它们使用回声定位功能导航就可以通过树根的迷宫。

森林中最大的意外

　　新发现的阿拉瓜亚河豚像其近亲一样，表面呈淡粉灰色，有一个圆脑袋和一双小眼睛（当在昏暗的河水中狩猎时，视力好也没什么用）。它们与其近亲的主要身体差异是具有较宽的头骨，此外牙齿也较少。在阿拉瓜亚河这个河流被许多大坝分割的水系中，阿拉瓜亚河豚的总数可能不到1 000只。它们的习性鲜有人知，但是BBC的团队在拍摄这些害羞的动物时，发现它们会在水中成群结队活动，甚至合作捕猎。

1. 森林中的气孔。 在被阿拉瓜亚河淹没的森林中，两只河豚露出了半球形的脑袋——只露出了气孔（呼吸用的孔）——它们正游过浅水区。

2. 从船上看。 从侧面看，河豚露出了它的小背鳍和球一样的额头，像一个瓜一样大，这样大的头对于在这样昏暗的水中利用回声定位进行狩猎和沟通是至关重要的。

3. 鸟瞰图。 一群河豚在水面附近觅食，很可能在合作狩猎。在这么昏暗的水中，只能使用无人机观察有多少河豚在觅食或社交。

4. 呼吸。 阿拉瓜亚河豚在下沉消失之前浮上水面快速呼吸。

捕食者的捕食者

巴西亚马孙河流域的生态系统和物种多样性的丰富，也意味着有许多捕食者。多种多样的翠鸟及多种苍鹭和白鹭在寻找鱼类，而凯门鳄、巨型水獭和肉食鱼类，如剑鱼，在昏暗的水域寻找它们的猎物。但是所有的生物都要屈服于最顶级的捕食者——美洲豹（又叫美洲虎）。这种可怕的猫科动物会定期巡视河岸的边缘，寻找任何可以捕获的猎物。

美洲豹是优秀的游泳健将，像大多数巨型猫科动物一样，也是机会主义者，猎杀淡水龟、犰狳、水豚和鹿等各种动物。它们擅长潜伏。有时它们躲在暗处，伏击任何来饮水的动物。其他的时候，它们慢慢潜入扑杀的范围，然后咬断猎物的喉咙或后颈将其杀死。

体形较小的美洲豹通常会追捕较小的猎物，但有时也捕食水豚——这足以让它们饱餐一顿了。它们会隐藏在河岸边的树林里，利用带斑点的皮毛作为伪装。但无论它们多么小心，如果有一只幼崽跟着它们，它们经常会因为幼崽暴露了自己的伪装而生气。但如果幼崽能够保持安静，它们就能接近水豚，甚至是一只小凯门鳄，直到能够一跃飞扑进水中并杀死猎物，同时给它们的幼崽上一节狩猎课。

在亚马孙热带雨林里，食物如此丰富，连美洲豹这样的顶级捕食者都能以相当大的密度栖息，尽管竞争仍然存在，特别是雄性大型动物之间。一只雄性美洲豹的体重可达120千克，但只有最年长、最有经验和最勇敢的美洲豹才会试图杀死一只更大的捕食者——凯门鳄。为避免受伤，美洲豹会抓住凯门鳄鳞甲上的唯一弱点，即凯门鳄头骨的后面。然后它们咬住猎物不放，直到翻滚的猎物最终放弃了挣扎才松口。猎杀凯门鳄的美洲豹经常受伤，但是奖励是丰厚的——一只巨大的爬行动物就是一场盛宴。

◀ **河边观察。**一只雌性美洲豹在巴西的一处河岸边狩猎。美洲豹经常利用河堤掩护自己，捕杀出入水面的水豚（巨型啮齿类动物）和其他猎物。

▶ （第34~35页）**攻其不备。**在巴西，美洲豹将雅加达凯门鳄拖到岸上。这些鳄鱼相对较小，所以经常被美洲豹捕杀。在森林里，大型哺乳动物很少，爬行动物构成了美洲豹食物中少量却重要的部分。

大隐隐于林

　　体形小会很容易躲藏，但也意味着可能被许多较大的动物吃掉。不同种类的叶尾壁虎——仅在马达加斯加岛栖息——是热带雨林里的专家，因它们宽大、平坦的尾巴而得名，尾巴看起来真的像树叶。它们的尾巴和皮肤都能帮助它们隐藏身形，伪装成树皮甚至是枯叶。它们在整个白天都会伪装自己，在众目睽睽之下晒着太阳，一动不动。到了晚上，它们会追踪自己的猎物——昆虫和其他无脊椎动物。

　　有一种两栖动物有着和叶尾壁虎一样出众的伪装能力。像壁虎一样，透明蛙（又称玻璃蛙）与身子下面的植物融为一体，但它们使用的是将自己的身体变透明的方式。在中美洲和南美洲的热带与赤道地区人们发现了

▲ **枯叶姿态。**一只狡猾的叶尾壁虎利用其卓越的伪装技巧隐藏自己。这种只发现于马达加斯加的蜥蜴在树叶上移动的时候可以粘在树叶上。正如所有的壁虎一样，它们的球根状脚趾的下表面覆盖着数以百计的微小腺毛，因而很有黏性。

▶ **地衣或树皮姿态。**一只马达加斯加苔藓叶尾壁虎在白天的伪装，它低着头，平贴着靠在树干上，利用在树皮上的地衣和苔藓进行伪装。

120 多种不同的透明蛙，有些还很小——比人类的拇指顶端大不了多少。
透明蛙虽然基本上是浅绿色的，但是还有不少种类腹部的皮肤是半透明的，
可以看到它们的一些内脏器官。它们主要生活在树木的枝叶上，特别是靠近
溪流和河流的地区。它们的足趾上有伸展的尖端，可以握住树叶。

　　上图中是一只正在孵化幼蛙的雄性透明蛙。它首先找到了完美的地点：
远离太阳的光滑叶面，不受天气变化影响，在鸟的视线之外，几米下还有

▲ **树叶温床。** 厄瓜多尔雨林的一片叶子下面，一只微小的雄性阿特拉托透明蛙守卫着两堆来自不同的雌蛙的卵。最终，蝌蚪会钻出凝胶状的卵块并掉入下面的溪流之中。

一条流动的小溪，小蝌蚪最终孵化后会掉入溪流之中。它在那里等待着，到了晚上便鸣叫以吸引雌性透明蛙到它的领地里，并且击退任何入侵者。雌性透明蛙在叶子上产完卵就离开了，此后就由雄性透明蛙照顾蛙卵，直到它们孵化。根据种类不同，这可能需要 3 个星期。虽然它不能抵挡诸如蛇之类的捕食者，但它可以应对昆虫的袭扰，如想要在卵上产卵的黄蜂和苍蝇（它们产下的蛆会吃青蛙的胚胎）。

忍者守卫和黄蜂猎人

透明蛙将卵产在叶子的下面，卵很难被看到，此外，还有它们的父亲守卫着它们，但黄蜂可以找到它们，并捕食卵和蝌蚪。如果发育中的蝌蚪感觉到外部"嗡嗡"振动的黄蜂想要用刺穿透"果冻"，它们会提早孵化并落入下面的水中。而较晚产下的卵更容易受到攻击，所以雄蛙会守在它们身旁。它静静地趴在那里，折起自己的腿，伪装成一堆蛙卵，但如果有黄蜂靠近，它会给对方一个"忍者踢"，它不断地踢黄蜂直到对方去寻找更容易捕食的猎物。

1. **父亲在叶子上站岗。** 一只雄性网状透明蛙蹲伏在哥斯达黎加热带雨林的一片叶子上。卵正在叶子的下面孵化，每一堆都是由不同的雌性透明蛙所产。这片叶子在一条溪流的上方，孵化的蝌蚪最终会落入水中。

2. 捕食者出击。 雄蛙看着黄蜂攻击它的一堆卵。如果它跳过去赶走黄蜂，它就有被白天的捕食者发现的风险。

3. 霸占蝌蚪。 黄蜂刺入蛙卵黏稠的胶质层，它可能会吃掉一只蝌蚪，但是其他的蝌蚪已经从它们的"果冻池塘"中钻了出来，提早孵化并掉入下面的溪流之中。

4. 拳打脚踢。 另人不解的是，黄蜂想要落在雄蛙身上，结果被雄蛙踢飞。一个观点认为雄蛙身上的网状图案是一个诱饵，让黄蜂误认为那是一堆卵，然后就会被突然踢飞。

▲ **潜伏的蜘蛛。** 一只捕鱼蛛等待在发光的真菌旁，它似乎已经知道昆虫会被光亮所吸引，并且非常容易捕捉。

◀ （上图）**夜的光芒。** 一只叩头虫停在一个发光的真菌上，它在夜间被吸引过来，以为有交配机会。但它只得到了满身的真菌孢子，它会带着这些孢子飞到下一个引诱它停留的真菌上。

◀ （下图）**发光的诱惑。** 一只迷茫的雄叩头虫爬过世界上最亮的发光真菌的菌褶，像是闪烁着两盏灯，想要与雌性交配。相较而言，雌叩头虫趴着不动，一直发光吸引雄虫。

诱饵之光

丛林的边缘是充满生机的，但是它的中心地区植被密集且非常黑暗，生物们需要进化出独特的习性才能在此繁衍生息。有些真菌会利用这种黑暗，每年有几周时间，它们会长出能够产生孢子的身体——伞菌——就像黑暗中发光的灯塔。这样的"灯塔"可以吸引昆虫，特别是发光的叩头虫（它们的胸部有两个大灯状的斑点），它们从远处看到真菌"灯塔"时，会误以为那是潜在配偶发出的光。当它们意识到了自己的错误，就会飞走，但是在此之前它们身上已经沾满了孢子，所以可以把孢子传播到更远的地方。

真菌不是将幽灵般的光亮作为吸引手段的唯一生物。某种蜘蛛已经学会挂在真菌周围，等待粗心的甲虫在那里降落。如果一只甲虫犯了致命的错误，蜘蛛就会对它发起突袭并饱餐一顿。

充沛资源如何激发美丽

即使在最浓密的热带雨林中，树木偶尔也会倒下，让一小束光到达森林的地面。在巴布亚新几内亚，世界上最离奇和漂亮的鸟类之一选择在这里进行表演。

威氏极乐鸟体形很小——大约画眉那么大，但它们用活力弥补了身材的矮小。它们开始自己的表演之前，会清除表演场地的树叶和任何其他外来的物件，并啄去树上的叶子，随后要站在树枝上面进行表演。随着破晓的来临，雄性极乐鸟开始用叫声吸引雌性。它们发出一连串穿透性的声音，包括滴答声和口哨声，最后以一种鞭子抽打的声音结尾。

它们的仪式性表演随着太阳的升起开始，阳光穿过树冠层照亮了它们的小领地。如果一只雌性极乐鸟来了，雄鸟会停在裸露的小树底部一动不动，然后开始跳舞，跳来跳去，炫耀般地展示自己没有羽毛的头冠（淡蓝

▶ **用颜色求爱。** 一只雄性威氏极乐鸟在一棵树的树枝上展示出特有的"冻结"姿势。它选择的森林地面舞台光照很好，从上往下看，雌鸟能看到它全身的艳丽羽毛，它胸部的羽毛闪着灿烂的绿色光亮，它鸣叫时口中闪现出灿烂的黄色。

▼ **清扫舞台。** 雄性威氏极乐鸟为迎接雌鸟的到来，正在清扫它用来表演的小树周围的叶子。

色）、背部上方（黄色）和背上（橙色）的各种漂亮颜色。因为雄鸟的位置比较低，土褐色的雌鸟从上面看它时，上方洒下的光线会令雄鸟灿烂夺目。最后雄鸟对着雌鸟展示身上的明亮颜色，同时甩动尾巴上的线状尾羽作为压轴戏。

黎明时分，在树冠顶部，另一个物种也在努力求爱。一只红色的极乐鸟——它穿着华丽的绿、黄、栗红三色戏服，还有着长长的带状尾羽——为被它洪亮的鼻音吸引过来的雌鸟进行表演。但它并不孤单：在清晨，有多达 10 只雄鸟聚集在最高的树梢上跳舞；在傍晚，它们则选择在光秃秃的树枝上表演，然后雌鸟再从表演者中进行选择。

威氏极乐鸟和红尾极乐鸟都生活在巴布亚新几内亚西海岸的同一个小岛上；它们的血缘很近，但行为却完全不同。一种是外向而又艳丽，在树冠顶部和其他雄性进行竞争；另一种喜欢在森林的地面上搭建舞台跳舞，并在自己的地盘上展现它们的技巧和美丽。

极乐鸟之所以可以花那么多时间和精力进行如此复杂的求偶表演，是因为这些雨林全年为它们提供了充足的食物。因此，它们不必花费宝贵的时间和精力不断觅食——就像栖息在环境较恶劣的地方，如沙漠或山脉的鸟类不得不做的那样。尽管雌鸟的颜色相对雄鸟可能比较单调，但是正是它们的性选择机制，令雄鸟华丽的羽毛和表演趋于完美。当雄鸟待在一个地方表演的时候，雌鸟会漫游在森林各处寻找最好的伴侣——因为它们知道无论身在何处，总有食物可吃。

交配后，雄鸟不需要负责孵蛋以及养育幼鸟。同样的，因为有着丰富的食物资源和复杂的生态系统，雌鸟能够独自养育自己的孩子，而无须雄鸟帮助喂养幼鸟。

▶ **树枝上的表演。**在位于树梢的表演舞台，一只雄性极乐鸟接近了一只似乎被它的表演吸引了的雌性极乐鸟。雄鸟铺展开自己的羽毛，尾巴和翅膀搭成了一个心形，然后在树枝上跳来跳去，抖动着身体和尾巴。现在它将轻触雌鸟的颈部以作为交配的邀请。如果不喜欢雄鸟，雌鸟会直接飞走。

我们留下的"表兄弟"

全年食物丰富，令在热带雨林中生活的动物们的生存变得容易。但是，大量的物种造成了竞争的压力，从而导致动物进一步朝特定的方向进化，形成了独特的习性。数百万年与其他陆地的隔绝让生活在马达加斯加岛上的灵长类动物进化的特有化达到了无可比拟的程度，如狐猴一直与少数其他哺乳动物共享森林，直到人类到来。它们进化成了40多个不同的种（请参见第184页），体形从像老鼠那么小到像大猩猩那样大，它们利用不同的食物和地域生存。如今，现存体形最大的狐猴是神奇的马达加斯加大狐猴。

马达加斯加大狐猴是群居动物，一只雄猴和一只雌猴与它们不同年龄段的后代居住在一起。它们是狐猴中最依赖树木的，在树干和树枝之间攀爬和跳跃，但它们的尾巴非常短，不像其他大型狐猴。它们用能穿透整个森林的叫声宣告自己的存在，并警告其他的大狐猴族群。它们需要领土空间——大狐猴主要吃树叶，更偏好嫩叶，所以为定期满足这些基本需求，需要大面积的森林。其实它们40%的活动时间都用来进食，剩余的大部分时间用来消化。它们可以容忍其他不和它们直接竞争同种食物的狐猴，许多不同种类的狐猴一起生活在同一片马达加斯加的东部森林中。

当地的马达加斯加人把大狐猴当作兄弟，他们会讲述一个关于过去人们选择离开森林，创建繁华的城市，而大狐猴选择留在森林里的故事。事实上，非洲丛林是我们最早的家。进化成为人类的灵长类动物在这片复杂拥挤的土地上生活过，正如其他成功的森林物种一样，它们找到了自己独特的生存之道。虽然我们的物种在数百万年前发生了进化，但是当我们的灵长类祖先走出森林，走向非洲广袤的平原，他们仍然保留着所有森林灵长类动物所拥有的智慧、远见、灵巧和家庭纽带关系。

◀ **大狐猴。** 以马达加斯加森林里的枝条和树叶为食的一只大狐猴。马达加斯加大狐猴是现存最大的狐猴和最类似于人类的高等灵长类动物。

第 2 章
山　脉

结合了极端的天气、崎岖的地形和匮乏的食物与水的山脉，向动植物发起了地球上最严峻的挑战。然而，对于那些能够在这样严苛的环境下生存的生物来说，这里却为它们带来了诸多好处——尤其是少有来自于对手的竞争，这种竞争若是存在，则会让生活在诸如丛林和草原等生物多样性丰富的环境中的生物的生存变得极其艰难。

从生态学的角度来看，山脉的关键特征是随着高度的增加，其气候和植被会有巨大的变化。人们常说，登非洲最高峰——海拔5 900米的乞力马扎罗山——的过程，就像在4天内经历了4个季节。这不仅仅是指天气经常发生剧烈的变化，还包括位于山脚的浓密的赤道森林、山坡较低处开阔的荒地、山坡较高处类似于干旱沙漠的气候条件，以及山顶冰雪积聚等非常多样的栖息环境。

山脉也能创造生态隔离。"天空之岛"一词最初是在20世纪40年代提出的，指的是美国亚利桑那州东南部的山峰。在这里，每座山上的许多动植物都被山脉周围的低地沙漠互相隔离，有一些已经进化成不同的物种，只有在特定的山上才能找到。其他动植物已经成为"濒危物种"，它们是来自于气候更为严寒、种族栖息面积更大的地区的避难者。从生态学角度来讲，科学家认为这些山脉与被海洋包围的海岛有相似之处。

◀（第50~51页）飞越安第斯山脉的火烈鸟。智利火烈鸟飞越托雷斯德尔潘恩国家公园中被冰雪覆盖的山峰。有3种火烈鸟能够适应在高于海拔4 500米的高度生活，智利火烈鸟是其中一种。

◀ 天空岛屿。肯尼亚山——一座古老的死火山，肯尼亚最高的山峰。它拥有一系列生物栖息地，诸如山林、高山荒原和垫状植被，还有近景中的这些在雪顶附近生长缓慢的巨型千里光属植物。

山脉不同海拔处的气候也是不同的。随着海拔的增加，空气变得更冷，风变得更加强劲，天气系统往往更加不可预测。所有这些因素相结合，使各种生物在山上的生活更充满挑战，尤其一年四季都是这样的气候。

在我们心中，山地动物的形象往往神秘而又孤独，比如漫步在亚洲雄伟的喜马拉雅山中的雪豹，或者是南美洲安第斯山脉中的美洲狮。然而，即使是这些独居的动物，也可能比我们预期的更有社交性和群体性。此外，其他的山地动物也生活在大型的社会族群中，这使它们能够集体行动，对抗它们在恶劣环境中所面临的问题。这些动物包括能够轻松攀爬陡坡的野山羊；在高山之上，还有一些令人十分惊讶的动物在此栖息，比如安第斯山脉湖泊中的火烈鸟群。

高山天空的主人

对于在高山地区生活的任何动物来说，主要的挑战就是寻找食物，在这种较为贫瘠的地方，食物极其匮乏。所以像金雕这样的鸟类必须飞越千山万水来寻找食物。金雕通常在北半球的北极地区出没：北部大部分地区，西至阿拉斯加，从苏格兰高地一直向东到日本，南到北非的阿特拉斯山脉。在许多这样的山区，金雕是最大的捕食者。像许多猛禽一样，它们拥有敏锐的视力，这使得它们能够在高空飞翔的时候发现猎物，或是找到动物死尸这样简单的食物。它们也有双眼视觉，这是它们寻找和捕捉猎物的另一个主要优势。一旦一只金雕瞄准了受害者——可能是一只松鸡、一只野兔，甚至一只小山羊——便会一直追赶，利用它宽大的翅膀来获得速度，展现出对于它的体形来说极为惊人的技巧，然后将利爪插入猎物的身体。杀死动物后，金雕用强力的喙和爪子将其撕碎，一直吃到吃不下为止。毕竟，

▶ **俯冲。**在挪威的山上，一只金雕展开它巨大的翅膀——大约有 2.2 米宽——俯冲下去啄食腐肉，其主翼羽的尖端在其变为着陆姿势时会卷曲起来。它强有力的爪子不仅可以从尸体上撕下肉片，还可以抓碎骨头。

它也不能确定下一顿饭会在哪里。

然而在冬天，许多金雕却采用了截然不同的策略。长时间的寒冷天气和暴雪使大多数动物的生活变得极为艰难，但这对金雕来说倒是好事，它们常能寻找到饿死了的动物的尸体。金雕栖息在峭壁上时，会留意其他食腐动物如渡鸦和乌鸦的嘈杂活动，这往往会帮助它们找到一顿可口的饭菜。

在冬季，获得足够的食物对于金雕来说至关重要，因为它们是最早开始繁殖的山鸟之一。它们通常在年初之前配对，在 1 月返回窝巢。鹰巢体积巨大，由树枝搭成，或在一棵高大的树上，或在一个狭窄的峭壁边缘上。如果某些金雕的猎物主要是较重的哺乳动物，而不是较轻的鸟类，它们便会在山下筑巢，以避免浪费宝贵的能量将食物带至高处。

像许多体形较大的动物一样，金雕通常少有后代。通常它们会前后间隔几天一共产下两个蛋，但在大多数时候，一对金雕一次只能抚育一只雏鸟。早些时候孵出来的年龄稍大的雏鸟，会比它的弟妹们体形更大，也更为强壮，并能得到更多父母带回窝巢的食物。渐渐地，年纪小的雏鸟就会越来越虚弱，经常会受到强大的兄姐们的欺负，通常会因此而死亡。

那么为什么要下两个蛋呢？理论上说，时节好的年头，气候良好，山上的食物充足，两只雏鸟都可以长到羽翼丰满。而在其他时候，第二只小鸟是防止第一只意外死亡的"保险"。对于金雕来说，在一个没有任何保证的环境中，这是一个明智的预防措施。

◀ **争夺腐肉。**一只年轻的金雕（左）在它生命中的第一个冬天与它的父亲在挪威中部的高山上争夺腐肉。鹰的活动范围必须足够广阔，以便能够在山中找到足够的食物——腐肉在冬天极为重要。尽管它们的活动范围可能会有交叉，但它们会奋力保护自己的核心活动范围。

睡眠以求生存

食腐是度过寒冬的一种方式。但对于一些山地动物来说，还有一个更好的选择，不至于让它们受到不可预测的天气和食物短缺的影响，那就是冬眠。而目前发现的山脉中最大的动物——棕熊正是这样做的。

体形最大的棕熊、灰熊极其令人畏惧。一头巨大的公熊体重可达320千克，而母熊，尽管体重只有公熊的一半左右，但体形依然不算小。熊是杂食动物，以各种植物和动物为食，包括草、浆果、鱼类（特别是鲑鱼）、

▶ **蹭树留言板。**一头公灰熊不仅为背部做了个按摩，同时还为经过的熊留下了气味，无论它是潜在的配偶还是敌人。

▼ **灰熊追捕。**在阿拉斯加的一个山坡上，一只灰熊正在猎捕一只地松鼠——这是一种很不错的肉质食物，能为灰熊的冬眠提供储备。

鸟蛋，还有松鼠等小型哺乳动物——基本上是它们可以找到的任何东西。但在秋天，随着日照时间的缩短，稳定的食物来源减少。尤其是在高海拔地区，冬雪可能毫无预兆地早早到来，所以熊会将最后几天宝贵的日子用在暴饮暴食上，它们每天要摄入质量高达 40 千克的食物，增加体重以度过即将到来的寒冬。

然后在 10 月下旬或 11 月，棕熊或灰熊会去寻找一个冬眠的地方，要么利用自然环境，比如一处洞穴，要么挖个坑。在这里它们会进行长时间的冬眠，减少身体的新陈代谢以使用尽可能少的能量。这使它们能够利用其脂肪储备一直活到下一个春天——静止不动的时间可能长达 6 个月。

但中途熊可能会醒来换个姿势，甚至是去外面游荡一段时间。一些熊崽实际上是在冬眠期间出生的。幼崽在出生后的头一年都要以母乳为食，但是即便如此，它只有 50% 的概率能活到 1 岁。

如果幼崽和母熊得以存活，那么到了春天，随着太阳在空中的高度日益增加，植物再次开始生长，其他动物开始活动，熊也会开始活动。即使如此，冬天的危险也还没有结束：还可能会有迟来的降雪，增加了觅食难度，甚至发生雪崩，可能摧毁并杀死一切生物，包括熊。但如果运气好，加上母熊的经验和良好的判断力，它们将生存下来，生活在山腰下郁郁葱葱的夏季草地上，那里的食物丰富且容易找到。

在短暂的夏天里，母熊利用长时间的日照觅食，以增加尽可能多的体重，不仅仅是为了自己，更是为它们的幼崽。这是一场与时间的比赛——北方的夏天生机勃勃但却很短暂。正如夏天登山的游客一样，它们必须与会叮咬自己的昆虫群对抗。这是你经常看到熊在树干或岩石上蹭身体的一个原因，是为了缓解持续的瘙痒。

◀ **灰熊啃草。** 一头灰熊在加拿大不列颠哥伦比亚省大熊雨林的温带沿海雨林中，享用着春天牧场上的青草。这个时节青草繁茂，熊会下到海拔较低的地方，吃尽可能多的草来弥补冬眠时损失的体重。

寒夜和保温

你可能会认为，只要靠近赤道，即使是生活在半山腰，生存也不是什么难事。但海拔越高，平均气温就越低。所以在靠近赤道的卢旺达山区（海拔为 2 000~4 500 米），平均气温比山麓低得多，尤其是在晚上。

为了对抗寒冷的夜晚，山地大猩猩采取了一种极其巧妙的做法。首先，它们会用树叶和树枝筑巢，通常是在地面上，然后在树叶下偎依，就像我们睡觉时盖着羽绒被或睡袋一样。但它们的另一种防寒策略则有些令人作呕：它们会排便，以温暖的粪便当暖水袋用。

但是，搭窝并不是长久之计。因为大猩猩属于游牧族群，它们通常每晚都会搭一个新窝。尽管搭窝会耗费宝贵的时间和精力，但没有窝带来的温暖，它们——特别是生活在母亲窝中的幼崽——可能无法存活。

在世界各地的山区发现的所有不同种类的鸟中，也许最令人意想不到的是火烈鸟。我们通常将这种优雅的水鸟与非洲广阔的盐湖联系在一起，在那里有不到 50 万只火烈鸟在广阔而又开放的盐田上觅食，站立在其他动物极少能够忍受的持续不断的正午阳光下。

但是在南美洲西部的安第斯山脉，3 种不同的火烈鸟——詹姆斯火烈鸟、智利火烈鸟和安第斯火烈鸟——已经进化到能够承受另一种更加不同的挑战。在这里，海拔超过 4 500 米，夜间的气温低到鸟儿的脚可能会被冻在冰中，将其暂时禁锢住。为了在这种寒冷的环境中保持温暖，火烈鸟会将羽毛抖松，在羽毛下保存一层温暖的空气。其他鸟则会以在火山活动产生的尚未冻结的温泉附近群聚的方式来避开这样的难题。

▶ **火烈鸟的聚居地。**詹姆斯火烈鸟在位于阿尔蒂普拉诺高原的玻利维亚红湖的浅水中觅食。这个湖泊的名字（意思是彩色的）来源于湖中的橙红色沉积物和一些在营养丰富的温泉水中生长的藻类。5 万只詹姆斯火烈鸟中几乎有 2/3 都在这里繁殖。这个地方如此偏远，以至于在几十年间人们都认为这个物种早已灭绝，直到 20 世纪 50 年代后期这种鸟被再度发现。

这些鸟类愿意忍受如此恶劣的环境的原因是，在这个海拔上，很少会有（如果有的话）捕食者来打扰它们；而且一旦太阳升起，温度就会迅速上升，这样冰就会融化，它们就可以逃离冰牢，在浅浅的、充满食物的盐湖中觅食。但是如何避免被彻底冻僵？像其他水鸟一样，火烈鸟能够阻止

转头舞。 安第斯火烈鸟在阿尔蒂普拉诺高原的盐湖中会进行求偶前的转头表演，这里是世界上能找到火烈鸟的海拔最高的地方。雌雄火烈鸟动作一致，繁殖羽中透着粉红，它们将其他异性火烈鸟视为自己的配偶。

自己的血液向腿部和脚部流动，这意味着尽管它们的下肢被冻结，但其余的身体部位仍能保持（至少相对）温暖。

另一种安第斯山动物也需要保暖度日。 兔鼠——包括几种不同的种类——是与栗鼠关系极近的啮齿类动物。它们的大小和外表很像兔子，耳

◀ **日光浴。** 一只南方兔鼠——一种安第斯山脉的大型啮齿类动物——在山洞旁清晨的阳光下晒太阳。由于容易被老鹰、狐狸和野猫捕食,它平时会把耳朵竖起来,半睁着双眼处于警戒状态。

▶ **观察温水野鸟。** 一只山猫紧盯着一只游过眼前的鹊鸭。火山温泉使得位于美国怀俄明州落基山脉的麦迪逊河的水在冬天依然能够保持温暖,即使是在零下30摄氏度的温度下,也可为野禽和山猫这种机会主义者提供温暖之地。山猫会偷袭野鸟,甚至跳入水中抓住它。

朵也很长,不过它们的尾巴要比兔子的尾巴长。兔鼠生活在安第斯山脉两侧的林木线和雪线之间的兔穴中,以各种植物为食——在这种恶劣的环境中,食物往往很难找到。但在考虑觅食问题之前,它们必须解决取暖的问题。而它们的方法是像一座迷你佛像一样坐在早晨的阳光下,让身体变得温暖。到了午间,它们便迎来了有足够的能量供应的"黄金时段",而空气依然足够凉爽,允许它们进行一番活动。再过一小时左右,到了正午,阳光太强,兔鼠无法进行活动,它们便会躲到阴凉处,等晚些时候再出来觅食。

在山顶上,天气会发生骤变,可能这一秒还是极地的风雪,下一秒便是炙热的阳光;还有雨、雨夹雪、冰雹和强风等天气。在冬天,温度可能下降到零摄氏度以下,食物会变得更加难以寻觅。但在一些还有火山活动的山区,如阿拉斯加和北美洲的落基山脉,火山温泉可以保持水域不被冻结,形成可以成为野禽的重要避难所的岛屿环境,并吸引其他动物前来,它们同时得到水源和潜在的猎物。

▲ **喝水。** 在朱迪亚沙漠,努比亚羱羊从高处下到峡谷中喝水——一个危险但必要的日常活动。它们居住的高岩是躲避捕食者和人类骚扰的庇护所。

◀ **位居高点。** 一只雌性羱羊懒散地站立在崖壁上。它的蹄子底面凹陷,可以像吸盘一样抓住岩石,而沙色的皮毛能帮助它融入周围地形并反射阳光。

减少的山羊和增多的熊

山地动物所面临的每一个挑战不是都与热或冷有关,就像在沙漠一样,寻找可靠的饮用水也很棘手。在热带国家的山区,由于缺乏降水,而且落到地面的水会迅速蒸发,这个问题可能会更加严峻。

在阿拉伯半岛的山脉中,落下来的小雨通常直接顺着干旱、陡峭的山坡流走,聚集在被称为瓦迪斯的河床上。这些河床通常是干涸的,但在雨后,它们会暂时积满水,为居住在该地区的所有山地动物提供急需的饮用水。

为了获得这种珍贵的液体,动物们必须先爬下陡峭的岩石,所以它们必须是登山专家。最专业的登山者是努比亚羱羊——山羊家族的成员。它们特别适应在干燥的多山地区的生活，活动范围西至阿尔及利亚，东至阿曼，南至非洲的苏丹。但是，尽管有这么大的生活范围，目前野生的努比亚羱羊可能只剩下 1 200 只了。

由于雌雄羱羊分开生活，所以养育幼崽并带领它们爬下崎岖的山坡找水的工作便落到了雌羱羊身上。即使这些幼崽才刚出生几天，它们可能也得必须去——因为如果这次它们没有喝到水，那下次下雨可能就是几个星期以后的事了。雌羱羊脚步稳健，也能完全适应这个垂直的栖息地；可孩子们脚下却踩不稳，也不清楚自己的目的地，它们还是捕食者的目标，这些捕食者包括金雕、豹，偶尔甚至还会有髭兀鹰——一种生活在这些山脉上的秃鹰。

我们知道像羱羊一样的山羊是登山专家，而一些动物——比如熊——就不适合攀爬陡坡。但有一种熊天生就擅长爬山：眼镜熊——南美洲唯一的本土熊种。现在，它们生活在安第斯山脉北部一个狭窄的山地，从北部的委内瑞拉、哥伦比亚和厄瓜多尔到南部的秘鲁、玻利维亚和阿根廷西北部，但这里眼镜熊的数量正在减少。眼镜熊是中型熊，公熊比母熊大得多，体重可达 200 千克，而母熊最多只刚超过 80 千克。它们的鼻子又大又钝，脸上长着浅色斑点，所以才得此名；每头熊脸上斑点的差异很大，这使得一些熊长得像它们的远房表亲大熊猫。

眼镜熊生活在各种各样的山区栖息地，最常见的是在云雾森林、高原森林和安第斯山脉的上斜坡，它们主要食草，肉类只占其膳食的 5%。一些熊还会踏上危险的征程，登上陡峭的岩石表面，寻找一种特殊的食物：生活在崎岖山腰上岩石缝隙中的蜗牛。作为爬树高手，这些熊已经进化出特殊的适应性——锋利的爪子，此外，它们弯曲的脚后跟可以像现代攀登鞋那样抓住岩面。相较其他熊来说，它们的四肢更长，脂肪也更少。和人类登山者一样，它们的身体非常强壮。

与羱羊一样，攀岩对于成年眼镜熊来说几乎不是问题，但对于幼崽来说，这是一个需要冒风险的学习过程。它们必须紧跟在母熊的身后，一步一步往前挪，紧跟母熊脚步，直到到达顶峰。

▶（上图）拥抱悬崖。一头母熊和它的孩子正在攀登一座几近垂直的悬崖，寻找蜗牛来作为它们的食物。它们的脚已经适应了攀登树木和岩石；锋利的爪子和弯曲的脚后跟能让它们保持抓地力。

▶（下图）山地徒步。一头熊（它的皮毛上沾满了芒刺）正爬下秘鲁安第斯山脉的山坡，前往一处水坑。它也会下山觅食，但会回到高处的山壁或洞穴中休息。

生存地域海拔最高的生命

在世界各地的山脉中，没有哪一座比喜马拉雅山（中文名字音译自梵语"hima alaya"）更高或更具挑战性。这座壮丽山脉梵语名字的本意为"雪域"。喜马拉雅山从大致西北的方向向东南方向绵延 2 400 千米，有些山峦有 400 千米宽。喜马拉雅山拥有世界十大高峰中的 9 座，包括珠穆朗玛峰，海拔达到近 8 850 米。珠穆朗玛峰在藏语中的意思是"宇宙之母"——这便是世界最高峰。

自从西方人在 19 世纪中期发现珠穆朗玛峰以来，它便吸引了众多渴望攀上顶峰的西方登山者，最著名的是在 1924 年，乔治·马洛里和安德鲁·欧文曾经试图攀登，后在 1953 年，新西兰登山者埃德蒙·希拉里和夏尔巴人丹增·诺尔盖终于登上了这座世界巅峰。从那时起，更多的登山者攀上了顶峰，也有些人在途中不幸遇难。

很少有动物可以在高海拔地区生存，因为海拔越高，氧气越少。超过 7 200 米后，人类便很难在没有额外氧气的情况下呼吸。林木线的海拔不会高于 4 900 米。虽然雪豹、孟加拉虎和牦牛生活在喜马拉雅山山腰的斜坡上，但是只有少数物种能够靠近山顶。一个显著的例外是一种鸟：黄嘴山鸦。这种有着短而弯曲的蛋黄色喙的亮黑色山鸦，在距离山顶仅数百米的 8 200 米处被人们发现跟在珠穆朗玛峰登山者身后，不过它们在更低的海拔处觅食和繁育后代。然而，有一种小型无脊椎动物对环境的耐受度比它们还高。

喜马拉雅跳蛛全年在高达 6 700 米的高山上栖息，是地球上生存海拔最高的捕食者。它的学名是 *Euophrysomnisuperstes*，意思是"站在所有其他生物之上"。

在这个没有人曾经到达过的高度，乔治·马洛里和他的同伴最先发现

▶ **生存地域海拔最高的生命。**珠穆朗玛峰峰顶的最后一束光。拥有约 8 850 米海拔的珠穆朗玛峰是世界上最高的山峰。喜马拉雅跳蛛被人在高达 6 700 米的海拔处发现，它是世界上生存地域海拔最高的捕食者。

了这种非凡的蜘蛛。起先，科学家们认为这是一个偶然的发现——蜘蛛是随着山麓下的气流飘上来的，但后来的考察证明这种蜘蛛确实栖息在珠穆朗玛峰的峰顶之下。

那么它们如何生存呢？当太阳升起来时，空气会有几小时变得温暖，蜘蛛们就会出来寻找食物；当太阳落了山，它们便会隐藏于岩石之下。由于没有其他长久栖息在如此高度的猎物，这种蜘蛛的食谱中都是些小型昆虫和节肢动物，比如跳虫，它们会被连续不断的风吹上斜坡。

这种蜘蛛凭借惊人的视力找到这些被风吹上来的"小吃"，它们的视觉对于昆虫的微小动作尤其敏感。像其他跳蛛一样，它们能够强迫体液进入腿部，创造更高的压力，使它们的跳跃距离能够达到自己身长的30倍。但在穿过稀薄的山间空气捉住猎物之前，跳蛛会吐出一条丝质的安全线——无脊椎动物版攀岩绳。

高空飞禽

对于候鸟来说，喜马拉雅山的高峰为它们制造了一个难题：如何跨越这个巨大的天然障碍？然而，蓑羽鹤和斑头雁这两种水鸟各有妙计。一年两次，它们从繁殖地前往越冬地并返回，它们会设法越过喜马拉雅山，有时候会飞到看起来似乎是不可能达到的高度。

斑头雁外形极其醒目：明亮的橙色眼球和双腿，头顶有两道黑色条纹，这种鸟也因此而得名。它们在位于高山湖泊的广阔、嘈杂的聚集地繁衍：北起俄罗斯，通过哈萨克斯坦和蒙古，南至中国，而要到巴基斯坦、印度北部和孟加拉国的低洼地区与湿地过冬，它们必须越过喜马拉雅山。

和大多数候鸟一样，斑头雁也是集群迁徙，通常是以人字形飞行，由经验丰富的成年雁带头，未经历练的幼雁跟随其后。在这种史诗般的旅程中，据说它们飞越了马卡鲁峰——约有8 500米，为世界第五高峰——甚至可能飞越了珠穆朗玛峰。然而，目前已观测到的最可靠的高度并没有那么高，但仍然相当可观——刚刚超过6 500米的海拔，这是能够穿越整座喜马拉雅山的一个峡谷的高度。事实上，大多数斑头雁都会绕开这些高峰，即使这意味着要在它们本就距离极远的迁徙之路上增加更长的距离。但那些能够飞越高峰的斑头雁在生理上都进化出了一系列的适应性。与其他野禽相比，它们具有较大的翼展和更大的整体翼面积。这使它们能够更快地爬升并维持飞行高度。它们还可以在血液中储存更多的氧气，这使它们能够长时间保持其肌肉的氧气供应。它们还可以提高心率，从而增加任何时刻的供血量。

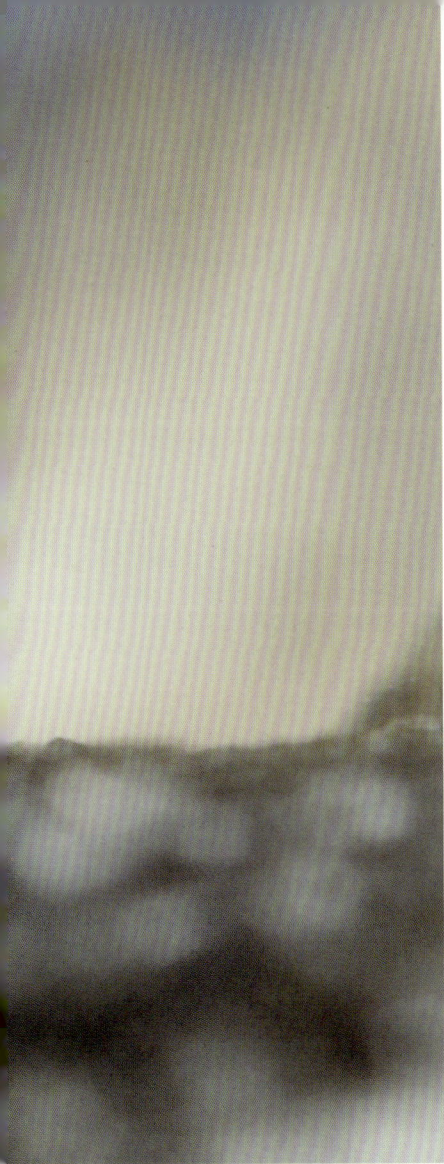

▲ 跳"虎"。随着太阳的升起，珠穆朗玛峰稀薄的空气变得温暖，跳蛛会从岩石底下的栖身之处爬出来，开始捕猎。跳蛛仅有有限的时间来捕捉被风吹上来的苍蝇和跳虫，它们必须是活着的，这样跳蛛才能吸出它们的体液。跳蛛巨大的眼睛能捕捉到山坡上的任何风吹草动。

尽管这些迁徙的鸟儿会借助风力来帮助自身飞行，但是它们却更喜欢平静的环境，这降低了它们遭遇意外或致命风暴而丧命的概率。它们主要在夜间或清晨迁徙，更冷、密度更高的空气能使它们飞得更高，并保持在那个高度。

拥有高能量的高空飞禽。斑头雁会飞越喜马拉雅山迁徙到印度过冬。它们保持着最高飞行高度的纪录，因为它们拥有特殊的生理适应能力，不过它们通常是穿过山口而非越过山峰。

尽管如此，依然会有许多斑头雁在途中死亡；无论是因疲惫而坠落、受到意想不到的恶劣天气影响，还是被诸如金雕这类的空中捕食者捕杀——这种一年两次的迁徙为这些捕食者带来了大量的食物。但这种非凡的鸟类仍有足够的数量幸存下来，维持种群的延续。

来自于上方和下方的压力

在一个野生动物少且偏远的世界里，动物们还面临着另外一个问题——如何寻找配偶？对食物链顶端的大型捕食者而言，这个问题尤为严峻，因为它们的数量较少，而领地却必须广阔。垂直的山地地形让这个问题更加严峻，因为这些大型捕食者的声音和气味无法远距离传播。长期的恶劣天气也会让它们难以看清远方。

雪豹的活动范围超过 200 平方千米，它们多为独居。但是，当它们需

▲ **雪豹卫士。**一只雄雪豹进食完后一边休息，一边守卫着它刚刚在乌尔利山谷获得的战利品。

要交配时——通常会选在冬天结束时——它们会使用气味和声音进行联络。它们会在重要地点小便或者在选定的岩石上喷洒尿液，为任何潜在的伴侣留下"尿液邮件"信息，并准确地指示出自己的位置。雌雪豹在发情的时候还会"唱歌"，它们的声音响彻山谷。交配后，它们便会恢复独居的生活。

妊娠持续约 3 个月，雌雪豹会在晚春或初夏分娩 1~5 只还没睁开眼睛的、无助的幼崽，幼崽数量取决于雌雪豹的健康状况和食物的多寡。

每只幼崽的生存对于物种的未来至关重要，因为现在野外只有5 000~7 000只雪豹存活，且超过一半是在中国。它们因皮毛珍贵以及传言其身体的某些部分可作为药材，而受到偷猎者的伤害。

但这种行踪隐秘的动物面临的最大问题是气候变化——因为它们栖息在高山之上。随着全球平均气温的升高，许多物种将被迫向上迁移到更冷的地区，直到不能再进一步。

雪豹通常在山坡林木线的终端与雪线的起始点之间的狭窄区域进行捕猎。现在它们狩猎的海拔比以前更高了。但是它们去得越高，能够捕食的猎物就越少。

同时，气候的变化也导致全球荒漠化严重，牧民们被迫将牲畜赶到更高的海拔处。他们饲养的动物会与雪豹的猎物（如野生绵羊和羱羊）争夺食物，这可能逼迫饥饿的雪豹杀死家畜，结果可能会招致人类报复性的杀戮。鉴于雪豹面临这么多的威胁，未来几十年我们必须对雪豹进行谨慎保护，以防这个珍贵物种灭绝。

可以说，在世界所有的栖息地中，山脉生态系统受损最少。与世隔绝使山脉生态系统能够免遭那些毁灭了如森林和草原这类低地栖息地的气候变化的侵袭，或人类及其家畜到达原始海岛而造成的损害。但与世隔绝也是山脉生态系统的软肋，它使得许多生物向特定的方向进化，而每个生态系统都有其特有的植物和动物物种。然而现在这种情况正在改变——在很多情况下改变极其迅速——因为人为因素，如来自于农业和狩猎的人类的压力在增加，以及更为严重的气候变化，全球山脉中的野生动物正面临着一个不确定的未来。

▶ **狩猎行动。**乌尔利山谷中，一只雌雪豹从它的瞭望处下到一具新鲜的尸体旁。这些雪豹主要猎杀的是野生绵羊和羱羊，但如果猎物稀少，它们也会袭击家畜。

▶ （第82~83页）**高山上的隐士。**红外触发相机捕捉到了山脉高处经过的一只雪豹。红外触发相机揭示了这些行踪隐秘的大型猫科动物的更多社交生活。

第 3 章
沙　漠

杳无人烟而又贫瘠不堪的荒芜之地水源稀少，甚至于无，生命就更为稀少了。这里白日如火炙，入夜如冰封，且安静得诡异，唯一的动静便是被风吹动的流沙，以及那无论你靠得多近都可望而不可即的悠远的海市蜃楼。这就是我们大多数人对于沙漠的认知。当然，大多数时候，沙漠与这种荒凉的描画是一致的。然而，有些时候，事实却与之大相径庭。

虽然我们对于沙漠的定义是一个降雨量低于均值、通常是一年少于250毫米的地方，但事实上，有时候沙漠是会下一些大雨的。每当这个时候，生命就如魔法般出现，植物繁盛，将沙漠染成绿洲。

需要指出的是，沙漠也并不总是炎热的。世界上有许多沙漠——包括在南极和北极鲜少下雨的地区——都异常寒冷。诚然沙漠多由沙子组成，不过它们也可以是由岩石构成的，而这创造出了一种非常与众不同而又相当壮观的地形。因此，尽管在地球上这类栖息地的确并不多，但也并不意味着这里就缺乏生命。你所需要知道的，只是在何时何地去寻找它。

要在如此严酷的环境下生存，动植物都有一套自己独有的巧妙至极的生存策略。为了储存水，许多植物完全摒弃了叶子，并且带刺生长以防被

◀（第84~85页）**寻找水源。** 纳米比亚的埃托沙国家公园内，以家庭为单位的象群跋涉在干涸的河床上。象群由其中最为年长、经验最为丰富的母象带领。这头母象通过日积月累的经验，在头脑中描绘出了一幅区域地图，能带领象群走抵达水源处最为便捷的道路——这是在干旱的环境中求生的至关重要的本领。

◀ **沙漠风暴。** 位于美国亚利桑那州的索诺兰沙漠里的一场夏季风暴。索诺兰沙漠是北美洲最为湿润的沙漠之一。这样的风暴会带来短时的强降雨，树形仙人掌通过地表下面遍布的根系吸收水分，其表面褶皱的茎能够提高储水量。

动物啃食。有些植物只在下雨时开花，这也就意味着它们可能许多年间都保持着休眠状态。其他植物拥有盘根错节的根系，在地表之下延伸至很远，做好准备随时迎接降雨，也有一些甚至可以触及深埋于地底的地下水。

大多数沙漠动物都是夜间活动的。白天，它们大多都隐藏在沙子里或是岩石下的洞穴之中，只有在黄昏觅食时才出现。有些动物还会将它们的繁殖期延迟到有雨之时。当环境有利于传宗接代之时，它们会尽可能快而多地进行繁殖。

所有这些对于环境的适应性改变让沙漠生物能够在这样一个焦枯而干燥的世界里繁衍生息。对于它们来说，挑战都集中在所有生物都不能或缺的一种事物上：水。

从干旱到洪水

世界上所有的沙漠都是缺水的。但这并不意味着，在一年的某些特定时间里，有的沙漠就不会下雨。每年，在美国西南部的沙漠里，汹涌的雨云在天边翻滚。由于处于季风带，这里的气候变化可能并不如亚洲的那么壮观，但有时也会非常剧烈，这导致季风所带来的降雨并不总是受欢迎的。

从盛夏到初秋，有那么几个月，每天中午最热的时候，雨云都会形成大规模的积雨云，伴随着耀眼的闪电和震耳欲聋的雷声，在沙漠上引发数以吨计的降雨，瞬间改变了地貌，将一片旱地变为洪水泛滥之地。

对于生存在这些沙漠中的生物而言，水太多往往比水太少更为麻烦。由于没有能够拦水之物，破坏性的骤发洪水会撕裂地表，最终重塑地貌。如此多的水在如此短暂的时间内冲刷过地表，它们并不是生命之源，而是如世界末日般的毁灭之力。

▶ **沙漠洪水。** 位于非洲西南部的纳米布沙漠，一场短时却强劲的风暴在一小块区域内引发了强降雨，导致了骤发洪水。巨大的降雨下拉了周围的空气，形成了强大的向下气流；在这片通常情况下干涸的沙地上，积聚了很深的雨水。

▲ 快速捕食者。 群居的蝗虫在飞去寻找一块新的觅食地前，极其迅速地将马达加斯加的一片草地糟蹋殆尽。干旱的再次降临导致蝗虫的代谢和行为发生了变化，独居的蝗虫聚集起来变成了群居；沙漠降雨带来的蝗虫数量暴增及其食物的过剩之后，是新一轮的食物短缺。

◀ 沙漠群落。 2015 年，在马达加斯加发展出的这个蝗虫群落只是沧海一粟。这个特殊的群落包含了几十亿的个体，每天大约要消耗 40 000 吨植物，涵盖超过 520 平方千米的土地面积。

从饥荒到盛宴

在突如其来的倾盆大雨和随之而来的洪水之后出现了一些沙漠植物和动物并不是坏事。水在地表可能只能暂存几小时，但即便其最终消失于地面，还是依然能够被植物吸收的。因此当非洲的沙漠出现降雨之后，在地下沉寂数月的种子就会生根发芽，绽放出生命。这也是生物会发生爆发性生长的一个原因。

蝗虫其实是草蜢的一种，通常情况下它们是独居的。当食物暂时性地变得充足，它们会产生数量上的暴增；而当食物耗尽，它们会被迫聚集起来，彼此极为靠近又会触发它们大脑的化学变化和身体的变化。于是它们就形成了一个巨大的游牧部落，需要寻找新的沙漠绿洲定居进食。它们会对脆弱的农业系统造成巨大的伤害，在《圣经·旧约》和埃及的陵墓雕刻中，都提及过这样的蝗灾。

蝗虫的快速进化得益于过剩的食物，而要出现食物过剩的情况则可能需要等上数年。最初出现的是先头部队，随之而来的是蝗虫的迅猛发展，直到漫天都是黑压压的蝗虫，将所经过的任何一个新的绿色牧场都一扫而空。每一群蝗虫都会遮蔽广袤的区域，数量以 10 亿计。因此，它们能以 20 千米每小时的速度横扫并吞噬它们所飞之处的一切也就不足为奇了。几乎可以说，一旦沙漠从尘土飞扬的黄褐色变成绿色，这大量的昆虫群就会再次出现。

仙人掌丛中的追捕行动

仙人掌是一种很特别的植物，它们进化出了储存宝贵液体的方式，也由此能够适应降雨时多时少的沙漠环境。在南北美洲有大约 1 500 种仙人掌，还有一种原产于非洲。仙人掌作为一种颇受欢迎的植物被引入了许多国家。目前来说，最大也让人最为印象深刻的仙人掌是来自于美国新墨西哥州和亚利桑那州的经典品种——树形仙人掌。这种仙人掌出现在无数的西方电影中，其特点显著，能活 150 年，能长到 20 米高。当大雨倾盆之时，这个大家伙能够在接下来的 24 小时内吸收一吨水。在此之后，树形仙人掌就要对任何可能会利用这宝贵水资源的生物"宣战"，捍卫它们的战利品了。它们会使用几乎覆盖了其全部表面的长长的尖刺来作为屏障。

沙漠中的许多小物种会将树形仙人掌的带刺防御"装置"转变成自己的保护伞，将仙人掌当成躲避捕食者的安全堡垒：或是和仙人掌共生，或是逃往这带刺的"森林"以求安全。但有一种聪明的捕食者知道如何绕过这些防御。栗翅鹰（也叫哈里斯鹰）是一种翼展很宽的大型群居猛禽，它们就像狮子一样进行合作捕猎。首先，在树形仙人掌上的侦察兵会标记猎物，可能会是一只长耳野兔。然后一只或者两只鹰会朝着猎物低飞而去，使其被迫逃命。当逃到了似乎是安全避难所的仙人掌刺之处，长耳野兔可能会认为它已经成功逃脱了，而事实上，危险才刚刚降临。现在地面上的鹰开始行动，它在仙人掌丛中潜行，试图将长耳野兔从它躲藏的地方驱赶

► **仙人掌守望者。** 在美国亚利桑那州的索诺兰沙漠，一只栗翅鹰站在一棵树形仙人掌上，将其当作瞭望台，观望着标记猎物。和它一起狩猎的还有另外两只鹰，它们都在寻找机会看是否能驱赶出一只长耳野兔或是林鼠。栗翅鹰是人类已知的唯一一种合作捕猎的猛禽。鉴于沙漠的地形，可猎食的动物稀少并且有大量的可供猎物躲藏的带刺植物，采用这种捕猎方式也就说得通了。

▲ **伯劳鸟（屠夫鸟）的食物贮藏。** 在美国新墨西哥州的一片沙漠区域中，一只雄性伯劳鸟从其食物贮藏——被穿在丝兰刺上的蜥蜴——中取出一些，喂给它的雏鸟。这些刺能把较大的需要被屠宰肢解的猎物牢牢固定住，而通常情况下其实在猎物颈后咬一口就足以使它们毙命了。

◄ **（上图）狩猎二人组。** 两只栗翅鹰朝着一只长耳野兔俯冲而下，以令人惊讶的速度穿过仙人掌组成的迷宫，而它们的潜在猎物则正在下层灌丛的掩护下逃窜。

出来。如果长耳野兔能够待在里面不出来，那它就有可能逃生。但是如果它慌不择路，那么负责观察的鹰就会果断出击，它们利用有利的地形条件从树形仙人掌的顶端快速俯冲下来，在这带刺的迷宫中腾挪翻转，最后总有一只能用它致命的魔爪抓住猎物。

栗翅鹰是世界上300多种抑或更多种猛禽中唯一的一种合作捕猎的日间飞行猛禽，这是为了应对带刺的仙人掌。正是这种合作能力让栗翅鹰很受驯鹰人的欢迎，它们易于训练，学得很快。

另一种要小得多的捕食者是伯劳鸟，它们也会利用仙人掌的刺。它们用刺来固定和贮藏其猎物。这是一种拥有可怕的喙的鸣禽，喜欢捕食小鸟、大昆虫、两栖动物、爬行动物和啮齿类动物。像其他的伯劳属鸟类一样，

◄ **（下图）地面搜索。** 当其他的鹰在上空捕猎时，一只鹰降落到地面上，行走于灌丛中，试图把猎物驱赶出来。无论是哪只鹰杀死了猎物，所有的鹰都能享用到食物。

它们经常将其较大的猎物穿在荆棘的尖刺上，有时候也利用这些刺肢解猎物并进行储存。这样的行为也让它们得到了"屠夫鸟"的名号，这真是一种很恰当的描述。

大型饮水者

沙漠中的所有生物都需要水。对于一些较小的生物来说，它们的食物就提供了足够它们生存的水。但是对于较大的生物，比如在沙漠中穿行的大型食草动物群，光靠食物是不够的，它们必须要喝水。这也就是为什么在非洲西南部的卡拉哈里沙漠和纳米布沙漠里，大群的野兽不停地在干涸的土地上迁移，只为了一件事——找到下一个水源。

非洲象是世界上最大的陆地哺乳动物，也是至今为止对饮水需求最大的动物。尽管通常在沙漠中的象比它们草原上的近亲要小一些，也轻一些，但是一头母象为了给一头小象提供足够的奶水，每天依然要饮用超过200

▶ **沙漠主宰。**一头母象带着它的小象在干涸的河床上穿行寻找植被。它们的家庭成员数量较少，适合常年居住在纳米比亚库内内地区的沙漠中。比起住在草原上的象，它们的体形可能要小一些，这可能缘于它们的饮食；它们的脚会更宽一些，这也许是在岩石和沙子上长距离行走导致的。

◀ **母爱。**早上开始穿行觅水时，一头母象将它的孩子纳入了自己的身影中。已经适应了沙漠环境的成年象可以在不喝水的情况下继续生存数日，但是还未断奶的小象则不行。

升的水。它自己也是需要水的，并且超过 3 天不饮水就无法继续前行了，这也就使得找到新鲜的水变得尤为必要。

在族长——族群中年纪最大、最有经验的母象的带领下，象群可以在旱季从一处穿行数百千米至另一处。象群的族长必须通过对以前旅程的记忆在头脑内描画出一幅地图，这能让它记住以前找到水的地点，并在毫无特点的地形上沿着正确的路线行进。有时候族长要找的水源并不在地表，而是在地下，它将依靠敏锐的嗅觉找到这些隐藏的资源，并用强而有力的腿进行挖掘。为了它和它的族群能够生存，这些都是必要的技能。然而，并不是说一种动物能找到水就没有麻烦了，母象和小象可能会被一群好斗的年轻公象从一个潜在的饮水源赶走，从而很可能不得不走更远的路途去寻找一个能不被打扰地饮水的新地方。

位于美国西南部的大盆地沙漠（西部是内华达山脉，东部是落基山脉）是美国最大的连续沙漠区，其日渐稀少的水源供应导致了另一种动物为之争斗，而这种动物并不是普通的沙漠生物。这里的野马是典型的西部野生马，其种群在这片干旱的土地上艰难生存着。它们起源于被有意无意放出的家畜（"野马"一词的英文"mustang"来源于一个西班牙单词，意为"一种走失的家畜"）。随着时间的推移，这一种群失去了很多家养的特点。一匹公马往往"妻妾"成群，母马们只能在拥挤的水坑边饮水。到了旱季末，水坑越来越小，而公马之间开始接触时，麻烦也就随之而来了。

争斗时间不长，但很暴力，野马们暴跳如雷，又踢又咬。这些争斗也可能是致命的：一头成年公马若是被踢断了腿或者下巴，就会在无情的高热沙漠中历经漫长的死亡过程。

◀ **水坑纠纷。**两头成年公马各自拥有自己的"后宫"，它们在一个水坑边对战。在美国内华达州，水限制了在沙漠地区生活的野马的数量。在发情期，当族群聚在一起喝水时，公马对母马资源的争夺就会升级成危险的战斗。

饮水策略

那些无法在沙漠中穿行的动物，比如还在巢中的小鸟，在沙漠中找到水并且切实地得到水，就更加困难了。沙鸡，正如其名，是典型的沙漠鸟类，有16种，分布于非洲、亚洲和欧洲南部——全部都是长尾，长得像是羽毛带图案的迷彩色鸽子。纳马夸沙鸡生活在非洲南部的沙漠和半沙漠地区。像其他沙鸡一样，它们是群居的，一大群一起迁移，寻找新的食物源和水源。它们在沙漠中孵蛋时，会把地表浅浅地刮开，把蛋置于其中，且远离大多数的捕食者——也意味着远离了水。但在小鸡孵化后，它们有一个巧妙的办法可以解决小鸡的饮水问题。

每天黎明，大群的公沙鸡会飞到最近的水坑那里。当它们饮水的时候，它们会把水吸入自己特别厚的胸部羽毛中。这些羽毛就像是海绵一样，能够储存20毫升的液体——足以满足它们口渴的孩子们的需求了。

▲ **危险的饮水。** 在纳米布沙漠，一只淡色歌鹰鸣叫着向一群正在水坑边饮水的纳马夸沙鸡冲去。这些生活在沙漠中的鹰不需要伏击它们的猎物——由于沙鸡迫切地需要饮水，这些鹰只需要在水坑边等着，伺机而动。

▲ **父亲的羽毛海绵。** 在沙漠的中心地带，在刮出来的巢中，一只小纳马夸沙鸡从它父亲特殊的腹部羽毛中吸水。当它的父亲在几千米之外饮水时，会用自己的"海绵"——羽毛——吸取水分，每片羽毛都能承载多于自身质量数倍的水。

然而，要是这么做的话，它们就把自己置于极度危险之境了。那是因为有水坑的地方往往也会招来捕食者。对于这些捕食者而言，一大群在水边饮水的肥美的鸟是极佳的美味。淡色歌鹰徘徊在水坑边缘，伺机而动。它们体形纤细，腿十分修长，长着青灰色的羽毛和鲜红的喙。淡色歌鹰通常都不会隐藏起来，因为它们知道，在太阳高挂于天空之前，沙鸡不得不过来饮水。

一旦沙鸡到了水坑边，淡色歌鹰就会把握机会，快速低飞于地面上方。沙鸡也知道它们是很容易被攻击的，因此在饮水时，它们会以群为单位保持警戒。通常情况下，当一只沙鸡发出警示声，其所属族群中的沙鸡都能在歌鹰抓到它们之前及时飞走。偶尔被抓住的沙鸡往往是处在这个族群边缘的一个孤独的流浪者——它会成为安全地待在地面附近某处巢穴中的小歌鹰的食物。

沙漠壁垒和拯救生命的绿洲

　　沙鸡已经适应了在沙漠中生活，但对大多数鸟类而言，这里依然是一片陌生的栖息地。然而，一年之中有两次，数以千万计的鸣鸟必须穿越世界上最大的沙漠——广袤的撒哈拉，因为它们要从欧洲和亚洲的繁殖地到位于非洲的过冬之地再返回。

　　对于许多鸟类，尤其是那些自出生之后第一次在秋天进行迁徙的鸟类而言，这片沙漠实在是个难以逾越的壁垒。整个夏天，它们离开了安全的巢穴并设法躲避了诸如雀鹰和猫等捕食者，现在它们必须要朝南飞行，开启一段史诗般的旅程，有时候，这段旅程会延绵数千千米。在离开之前，如刺嘴莺、鹂和霸鹟等这些小一点的鸟类会持续进食，以增加旅程所需要的体重，可能要在原有体重上翻倍，在皮下储存厚厚的一层脂肪。

　　一旦完成了这一步骤，它们就开始等待一个合适的时机离开：理想的晴空与微风天气。就像大多数迁徙的鸣鸟一样，它们会在夜晚出发，这时候更凉快些，它们也能飞得更快，还可以躲开鹰和隼这类在白天出没的捕食者。

　　它们遇到的第一个困难是要穿越欧洲大陆，接着是地中海，然后就是最大的障碍——撒哈拉沙漠了。鸟儿们不可能一夜之间就穿越撒哈拉，这片沙漠是一个难以逾越的障碍。这也就是为什么如摩洛哥梅祖卡地区的绿洲会显得至关重要。对于这些想要在艰难的穿越沙漠的旅程中生存下来的微小鸟类来说，围绕在小水池边的枣椰树、能够让它们得以喘息的避风港和所有可以提供水和食物的地方，都是至关重要的。

酷热

　　缺水并不是导致沙漠动物死亡的唯一原因。沙漠中的温度可以上升到酷热难当的50摄氏度——对于任何没有遮蔽的动物来说，在这样的高温下都是难以生存的。当太阳升至最高处，所有动物都必须采取一定的应对之策，如快速移动以减少暴露在外的时间，或者是保持身体尽量不和地面接触，或是尽可能减少脚和沙子接触的时间。

　　蛇是沙漠中的专家，如北美洲西南部的响尾蛇和纳米比亚与安哥拉地

▲ **沙漠捕食者。**侏膨蝰潜伏在沙丘背风处的阴影里，等待猎物。长在头顶的眼睛可以让它在部分身体隐没的同时进行观察。日头正烈时，它把自己埋起来。当阴天或者黄昏沙丘边吹起侧风时，它便会暴露自己的行踪，寻找蜥蜴和啮齿类动物。它死死咬住猎物，并向其体内注入毒液，直到猎物无法动弹后再将其吞下。

▶（第 104~105 页）风暴来了。一场哈布风暴横扫了位于苏丹的撒哈拉沙漠边缘地区，看上去就像暴风雨即将来临之前的景象。这主要是由于云层中的积雨（主要是冰晶）在到达地面之前就蒸发了，而快速下降的极度寒冷的空气激起了沙子和沉积物，形成了风暴。

区的侏膨蝰，都会藏在沙层之下静候其猎物——通常情况下是一只蜥蜴或是小型的啮齿类动物。一旦有猎物经过，蛇就会从其藏身之处腾身而起，抓住猎物，将其拖到一个较为凉爽的、有阴影的地方，优哉游哉地进食消化。

在从相对凉爽的黎明到犹如火炙般的正午的这段时间内，地面温度逐渐升高，导致了空气的流动，形成了冲刷沙子的无情之风。在极端情况下，这可能导致巨大的沙尘暴席卷这片土地。细小的沙粒抽打着岩石，将其重塑成独特的形状。而一旦夕阳西下，风暴停止咆哮，这里遂形成了一种诡异的宁静氛围。

飞行的蝎子杀手

一个简单的、避开太阳和风的方法就是在夜晚出来活动，很多沙漠动物都选择这么做。它们有的在晚上、有的在黄昏时分出来活动，一旦太阳升起，就退回巢穴。在以色列境内的内盖夫沙漠，当太阳下山，夜空中群星闪耀之时，许多神奇的动物就开始出来活动了。在这一片黑暗的世界里，对于找路、觅食和避免被捕食而言，听觉和触觉显得非常重要。

黄蝎用它们的脚来"听"，以令人震惊的准确性探测震动并定位猎物。任何小型昆虫或者是其他的无脊椎动物，比如蜘蛛等，都在其捕猎范围内，黄蝎会用其强有力的利爪将它们肢解。然而，这些捕食者也有它们自己的天敌。

就在黄蝎享用其美食之时，一只沙漠长耳蝠不知从哪儿冒出来，利用黄蝎无法听到从上而来的攻击声这一弱点，向着黄蝎俯冲下来进行攻击。黄蝎其实也是有其防御措施的：它们的刺是世界上第二毒的。而蝙蝠对这一点却无所畏惧，它从尾部攻击猎物，根本不怕会中毒，也就是说，这种特殊的蝙蝠对蝎毒可能已经有免疫力了。对于蝙蝠来说，捕食黄蝎还有一个巨大的优势，那就是黄蝎比其他的小型飞行昆虫这类的普通猎物要大得多，在花费同样精力捕食的情况下，能为其提供更多的营养。

蝙蝠具有一种特殊的捕猎方法——运用其回声定位技术，在捕捉快速飞行的昆虫时采用很有效的普通的"尖叫"方式，而追踪在地面上的黄蝎时则转换为较安静的"私语"模式。在沙漠这种严酷的环境中，这给予了蝙蝠巨大的优势，当某动物移动之时，它们就可以抓住它并吃掉。

但是，黄蝎其实也是有机会逃脱的。如果它们停止移动并且保持完全静止，蝙蝠就会无法定位地上的黄蝎，失去攻击目标。然后，它们就不得不离开，进行另一轮捕食。

▶ **一顿靠声音得来的大餐。** 一只沙漠长耳蝠运用声音定位了一只黄蝎——首先从上方采用"私语"回声定位，然后在地面上直接用耳朵听声辨位——用这样的方式，这只蝙蝠在几分钟内就把这只黄蝎杀死了，并且从头部开始，吃掉了其大部分身体。现在，它已经准备好利用回声定位离开了。

夜间捕食策略

在黑暗中，所有的蝙蝠都靠回声定位来导航和捕猎——从猎物身上反射回声音然后听回声。沙漠长耳蝠拥有很大的耳朵，能运用与抛物面反射镜类似的原理，将声音进行放大和强化，这使得它们甚至能够精确定位快速飞行的昆虫。在沙漠地面上定位猎物更加困难，但是如果能够猎食到像黄蝎这样的大餐，辛苦点也是值得的。然而，黄蝎能够察觉到蝙蝠的回声定位并且做出防御——保持静止，只有当它们移动并发出声音的时候，才会被抓住。鉴于它们都试图战胜对方，这样的捕猎可以持续一段时间。

1. 准备攻击。一只沙漠长耳蝠"听到了"黄蝎的声音，然后俯冲而下，停止回声定位，以防被黄蝎察觉到它的靠近。如果黄蝎能够保持静止并且不发出声音，那蝙蝠就无法找到它，甚至可能就此错过它。

2. **瞄准目标。** 沙漠长耳蝠用腕关节行走，大耳朵集中注意力去听黄蝎移动时发出的声音，这只蝙蝠要开始发起攻击了。而黄蝎急于攻击，翘起了尾刺，亮出了钳子，从而暴露了自己的位置。

3. **攻击和失误。** 蝙蝠的第一击出现了失误，但是由于黄蝎仍继续攻击并暴露了自己的位置，就这场战斗来说它已经输了。黄蝎用它的尾刺攻击蝙蝠的脸是徒劳的。

4. **摇晃和噬咬。** 抓住了黄蝎之后，蝙蝠会大力摇晃它，这可能是为了防止自己被钳住或者是被刺到。不过，看起来蝙蝠对蝎毒是有免疫力的，它还会吃掉黄蝎的毒腺。

"沙丘鲨" 和吸水 "磁铁"

在纳米布沙漠有一种相当顽强的捕食者——格兰特金鼹鼠，也被称为"沙丘鲨"。格兰特金鼹鼠不但很小——最长只有9厘米——而且还无法视物，只能依靠其敏锐的听觉来捕猎，主要是捕食白蚁，同时它们也适应了仅仅依靠从猎物中获取的水分生存。实际上，这种动物并不是鼹鼠，其与鼹鼠的相似性是趋同进化的结果——随着时间的推移，适应相类似的环境。

格兰特金鼹鼠拥有强有力的前爪，可以挖掘沙子，同时它们也会使用其楔形的鼻子。但是和其近亲不同，格兰特金鼹鼠不会挖一个特有的

▲ **沙漠监听。** 一只格兰特金鼹鼠头朝下，监听它喜欢的猎物，即白蚁的动向。在夜间，它们使用其灵敏的听觉进行狩猎，并不需要使用视觉，实际上它们根本不能视物。它们体形很小——大概只有一个乒乓球那么大——但依然需要进食大量的昆虫，同时也会捕食蜘蛛或者其他任何一种它们遇到的小型爬行动物。

▶ **在沙漠中"破浪前行"。** 格兰特金鼹鼠在松软、流动的沙丘之巅进行捕猎，在沙面下游动和沙面上"破浪前行"这两种状态之间转换，每前进几步它们就把头伸到沙子里去听声音测定方位。日出时，它们就会把自己埋入沙丘，然后蛰伏一整天。

洞穴系统，这可能是由于它们生活在由流沙构成的沙丘中的缘故。但它们会挖个洞来躲避白天的高热，在黄昏时分则出洞去捕食。它们会在沙子表面以下游动或是在沙面最高处"破浪前行"，监听多汁的白蚁或者其他小型猎物发出的声音。

另一种在纳米布沙漠沿海地带生活的动物为了能够在沙漠中找到水，想出了巧妙的方法——叶甲从空气中获取水分。黎明时分，海雾横扫整个沿海沙漠。西南部海面上温暖而充满水分的空气遭遇寒冷的本吉拉海流后

雾气享用者。 在被雾气笼罩的纳米布沙漠，头朝下站着的甲虫在沙丘之巅摆出了一个很典型的享用雾气的姿势。它们会饮用通过翅膀聚集流入口器中的水分——一种稀缺但又可预测的水源。

▶（第114~115页）沙丘海。笼罩在纳米布沙漠沿海沙丘上的海雾带来了给予生物生存希望的水分。

被冷却，导致沙漠上吹起了一阵上层是暖空气的冷空气，从而形成了这种海雾。当太阳逐渐升起，这种雾气就会蒸发。所以在日出之前，这种甲虫就会爬到沙丘顶部，调整身体的角度，迎向即将到来的微风，然后就这么待着。雾中的微小水滴会在其身体上凝结，然后顺着特殊的凹槽流到它们嘴里，让它们得以喝到这珍贵的液体。这种甲虫的硬壳兼具疏水性和亲水性的部分，前者排斥水，后者吸引水，这也就意味着它们可以最大限度地收集水并控制水流的方向。

沙漠猎人

说起狮子的居所，我们首先会想到的是东非的大草原。然而，在纳米比亚的沙漠中也有狮子出没——这是一群特殊的狮子，已然适应了这种干旱又严苛的生存环境。

纳米布沙漠沿"骷髅海岸"延伸超过 2 000 千米，内陆也延绵数百千米。过去，狮子相对常见于沿海地区、山区和在季节性（瞬态）河流之间的沙漠中。也有记录指出狮子沿着海岸进行觅食，捕猎海豹和在那里繁殖的海鸟，甚至会猎食偶尔搁浅的鲸。而如今，狮子的主要领地还是保持在距海

▲ **沙漠狮群**。在纳米布沙漠中，一个小型狮群幸存了下来。它们正在穿越沙丘，去一个隐秘的绿洲找寻猎物。在这种干旱的环境下生存的大羚羊、鸵鸟和跳羚是它们的主要食物。

岸远一些的河流之间的内陆地区，在那里，更有可能捕获大一些的猎物，如大羚羊、斑马、跳羚，甚至是长颈鹿，毕竟沙漠中的所有动物都必须时不时地来河边饮水。就像在其他环境中生活的狮子一样，沙漠中的狮子也是机会主义者，无论日夜都会捕猎，但通常情况下日头高照之时它们会休息。

虽然沙漠中的大部分地方都是杳无人烟的，但是依然有人住在沙漠边缘。在那里，狮子和人类的冲突不断升级，人们会设下陷阱，毒杀或射杀狮子。虽说近年来生态旅游的火热使得越来越多的游客来沙漠观看这些特别的狮子，但是由此产生的大多数收入却并不会归当地人所有，这导致了这里的人们的不满。而在这里，战利品狩猎是合法的。

为了发现更多的沙漠中狮子的生存方式，并且找到防止狮子和人类起冲突的方法，科学家们在一些狮子身上装了无线电项圈。有一只著名的雄狮被追踪了超过两年，在这期间它的活动范围大约有两个威尔士那么大。它还行走了将近 13 000 千米，相当于从非洲北部到南部走个来回。人们还没有发现有其他狮子在如此短的时间内走这么远的。但是在 2014 年 8 月，它死在了人类的猎枪之下。对于在整片非洲大陆上生存的狮子而言，这样的遭遇近年来呈上升趋势，这个种族在全世界范围内都面临着威胁。

▶ **大范围搜寻。** 一群狮子在巨大的沙丘带搜寻它们失踪了的孩子。沙漠中的狮子领地很大，族群成员很容易走失。

▼ **手足情谊。** 族群里 5 只年轻的雄狮中的两只在互相打闹——这有助于它们培养感情和磨炼捕猎技巧。不同于雌狮，雄狮在成年之前通常都只是因为顽皮而打打闹闹。

为了生存而战

在纳米比亚的沙漠中生存的狮子偶尔会冒险捕猎一些非常大的猎物，比如成年的长颈鹿，这种长颈鹿可以长到 5.5 米高，重达 1 360 千克。事实上，在至少一个族群中，狩猎长颈鹿已经成了一种传统，雌狮会教它的后代如何在一个团队中扮演特定的角色，将它们的猎物逼迫至一隅并击倒在地，这样就能很容易地杀死猎物了。在沙漠这样空旷的地方捕食大型猎物，对于狮子而言并不容易——有被踢伤的危险——然而，根据地形的不同，当族群成员的数量增加时，它们的成功率也会提高。

1. 追逐。两只狮子追赶一只长颈鹿，并将其逼到了干涸河床的另一面，那里埋伏了第三只狮子。合作狩猎是生活在沙漠中的狮子生存的关键。

2. 出击。 狮群中最年长的雌狮在这里伏击，它勇敢地一跃而起去咬长颈鹿的脖子。

3. 撞倒。 长颈鹿的前进势头撞倒了雌狮，破坏了雌狮的拦截计划。

4. 踢打。 雌狮摔倒后，长颈鹿对其连踢了几下——力量足以踢断雌狮的骨头。而当雌狮毫发无伤地逃脱之时，长颈鹿也已经逃之夭夭。

发现如昙花一现般的天堂

对于在如此恶劣的环境中生存的坚韧的沙漠植物和动物，以及它们所习得的在如此环境中巧妙求生的方式，我们不得不心怀钦佩。但有时候，如果时机正确，这些生物并不一定需要如此努力。当满足了一定的气候条件（通常好几年才一次），沙漠也会迸发生机。

洛马斯德拉查伊，这个世界上最干燥的地方，位于秘鲁沿海丘陵地带的阿塔卡马沙漠。这片干旱的土地每年都会被雾所改变——不定期地从6月到11月，就像纳米布沙漠的雾季一样。这一年余下的时光中，这片沙漠变成了翠绿的天堂。这片崭新的郁郁葱葱之景吸引了成群的鸟类、哺乳

▲ **最初的嫩芽。** 在第一场冬季的海雾席卷了秘鲁的洛马斯德拉查伊并留存下来后，转变就开始了。一周之内，看似已死的树木开始焕发生机，休眠于沙漠地表以下的种子开始发芽。

▲ **沙漠中的草原。**郁郁葱葱的绿植覆盖了沙漠之谷洛马斯德拉查伊，每年的6月到11月，这里都会被来自于大海的雾气滋润。雾气到来一个月之内，这里就将成为鸟类、蝙蝠和昆虫的天堂，树木也将会开花，结出像木瓜一样的果实。

动物和昆虫急切地前来享受这一年中多出的食物馈赠。雾中的水汽也引发了植物生长的盛况，包括树木、肉质植物和叶片里充满了空气中的冷凝水的苔藓。华丽的蜂鸟嗡嗡叫着在花间喝着花蜜，同时，成群吵闹的长尾小山鹦鹉像空军的战斗机中队一样在空中尖叫着飞过。

洛马斯德拉查伊并不是季节变化给沙漠带来生机的唯一之处：澳大利亚内陆地区以及卡拉哈里沙漠和世界上许多其他的干旱地区也偶尔会出现这种得益于雨和雾带来的珍贵水汽的情况。而即便没有降雨，对于那些已经适应了在沙漠中找水的艰难或是在没有水的情况下生存的生物，这些特殊的地方也并不是苟且偷生之地，而是生命绽放之地。

第 4 章
草　原

我们星球上 1/4 的陆地为草所覆盖。从非洲大草原的辽阔平原到英国乡村繁花盛开的干草草地，再到南美洲的蒲苇草原和西伯利亚的干草原，草原是地球上最富饶的生物栖息地。同时，草原也是分布最为广泛的，在沙漠边缘、山峦之巅、雨林之中，甚至在一天被潮汐淹没两次的海边地带，都能见到。

草原之所以分布如此广泛，是因为草是最为坚韧、适应性最强的植物。约 800 万年前，随着地球气候的变化，森林中的树木开始干枯，全球范围内的草原开始迅猛发展。如今草原上的植被，有的长得比台球桌还矮，有的则长得比大象都高。它们能应对火灾和洪水，无惧人类放牧时遭受的践踏，不怕雨雪和无情的炎热的阳光。长久以来，它们都满足了人类的需求，为我们提供食物（不仅是我们人类，还有人类的家畜）、饮料（谷物是酿造啤酒和威士忌的关键原料）、建筑材料、纸张和能源。

这是一个快速变化的无情世界。为了生存，每一种草原动物，从强健有力的大象到体形瘦小的巢鼠，都必须采取一种能够应对变化的生活方式。草原也为上演某些最为伟大的自然界剧目提供了舞台。捕食者与猎物之间的斗智斗勇是最常见的一幕，而与变化多端的天气和季节做斗争以及一些为了生存而进行的隐藏活动也常在这些长满青草的土地上上演。

从栖息在这里的动物的角度出发，我们能更好地理解这个不断变化的

◀（第 124~125 页）**草原捕食者。**一只仓鸮正在英国萨默塞特郡的草场上捕猎——这是一种主要以草原上的啮齿类动物为食的、拥有鼠类那样的宽广视野的空中捕食者。

◀ **草原消耗者。**非洲水牛在博茨瓦纳的奥卡万戈三角洲上迁移，这片土地已经被季节性降雨改造成了一片富饶的绿色牧场。与非洲水牛同行的还有牛背鹭，它们享用着被水牛的动作从草中激起的昆虫。

草原 **127**

世界。以一只幼狮为例，它生于一个真正的天堂：一片提供了可随时享用的食物的翠绿之地。而在它出生的第一年，它的草原之家就会经历剧烈的动荡。降雨会导致洪水，骄阳炙烤大地使草原变得极其干燥，而闪电又会点燃干燥的草地。如何应对这些变化，将会决定它的生死。对于其他生活在这片辽阔而开放的空间上的生物来说，也是如此。

大象、老虎和草原

通常你会认为在这个星球上漫步的最大的陆地哺乳动物之一——大象是十分适应草原生活的。然而，若是一头年幼的印度象，而草原上草的高度又超过了 6 米之时，就会出现问题了，世界上最危险的捕食者——老虎潜伏在附近的时候更是如此。

象草是世界上最高的草。这种植物要在印度的草原王国，位于该国东北部的阿萨姆邦的卡兹兰加国家公园才能看到。该公园位于一座坐拥湿润草原、潮湿沼泽和热带阔叶森林的岛屿上，纵横交错着 4 条大型河流，其中包括布拉马普特拉河，这条河有着无与伦比的野生动物的多样性，其中栖息着全球的重要物种。

卡兹兰加国家公园拥有超过全球 70% 的（大独角）印度犀——超过 2 000 头——并且其孟加拉虎的分布密度高于印度，甚至可能高于世界上的任何一个保护区。其中，野生水牛和沼泽鹿（泽鹿）也是数量繁多，并且有约 1 300 头印度象——其分布密度也是世界第一。

这片潮湿的泛滥平原上的主要植被是象草，而这片草原栖息地就如热带森林一样危险。在其中隐居着世界上最小的猪——侏儒猪，它们以象草为材料筑巢。这种微型猪在全世界的数量可能只有不到 150 头了，都生活在阿萨姆邦，由于其栖息草原的消失，这个物种现在正处在灭绝的边缘。

卡兹兰加国家公园的土地是否肥沃，关键在于一年一度的季风洪水，即便在短时间内它也会给动物们带来一些麻烦，但也维持了整个国家公园的动态生态系统。洪水阻止了灌丛和树木占领这片土地，河水则能使牧草

▶（上图）草上的风景。即便是一头印度象，要看到高高的象草之上的景色也要费一番功夫，这种象草覆盖了印度卡兹兰加国家公园内的一大片泛滥平原地区。

▶（下图）危险的旅程。一大早，母象头领带着它的象群穿越象草迷宫去找水，它们边走边吃。在草丛中很可能会潜伏着一只老虎，因此母象们会让自己的孩子紧跟着自己。

◀ **草中条纹。** 一只老虎悄悄穿越了印度卡兹兰加国家公园内干燥的象草地带，身上的条纹皮毛给这位伏击的猎手提供了完美的伪装。

▶ **穿过象草地。** 运用代代相传的导航技能，母象头领将它的族群带到了水边。

再生，为食草动物提供一年生的草，而这些食草动物也引来了亚洲地区位于食物链顶端的捕食者：老虎。

雨季伊始——通常是在 6 月，公园内的象群会朝南向卡比昂隆的山区进发。到了秋天，当雨水渐歇、洪水开始退去之时，象群又会回到卡兹兰加，这片繁盛的新草之地给它们提供了丰富的食物。然而，对于第一次到这片栖息地的幼象来说，会有一个问题——它们很容易到处闲逛，这就意味着幼象可能会单独行动，而当母象意识到它的孩子不见了的时候，有可能幼象已经处于致命的危险之中了。

象草给披着条纹皮毛、有着高超伪装的捕食者提供了完美的掩护。象草丛中猎物的分布密度通常不如在开阔的草原上或者是潮湿的林地中的大，当一只捕猎的老虎接近其猎物时，猎物甚至都感觉不到它的存在。虽然在卡兹兰加国家公园内的老虎通常都是捕食如水鹿和沼泽鹿这样的小一些的猎物，但幼象也绝对是在其菜单上的一味佳肴。幸运的是，幼象有一种非常便捷的防御机制：它的叫声。通常情况下，幼象惊慌失措的求救声会让母象定位到它，并将它带回安全的族群中。

沼泽大猫

对于野生动物而言，草原上季节变化的迅猛很可能是灾难性的。没有比位于非洲博茨瓦纳的奥卡万戈三角洲更加变化多端的地方了。奥卡万戈河的河水每年都泛滥一次，冲刷着这片平坦的草原，带来将近 1 000 万吨的水。数周之内，此地的大多数区域都会被水淹没，接下来的几个月，在水分蒸发或被植物吸收之前，这里的所有野生动物都必须重新适应与以往完全不同的生活方式。

当水蔓延至这片泛滥平原之时，休眠中的草从土壤之下爆发生机。因此将近 20 万只大型食草动物，从大象、水牛、角马，到犀牛和大量的羚羊，还包括真正的湿地生存行家——驴羚，都涌向了这块三角洲。随着这些食草动物的到来，其捕食者，包括豹、猎豹、鬣狗、野狗，当然还有狮子，也纷纷前来。

对于狮子而言，在长时间干旱的几个月中，猎物稀少，它们又饿又瘦，所以必须要利用好此时丰沛的食物。于是它们就变成了"沼泽大猫"，追踪着它们的猎物经过存在潜在危险的水域。这有点棘手：它们要努力隐藏自己，以免被看见或者听见；而当开始追逐猎物时，它们又无法像在陆地上跑得那么快；另外，隐藏在水深之处，会有溺水的危险，还有埋伏在波光粼粼的水面下的鳄鱼伺机而动。即便如此，大量的猎物意味着狮子捕猎成功的概率依旧很高。于是，在这片草原上伟大的生命游戏持续进行着，随着季节的变化周而复始。

▶ **穿行的狮子。**一只狮子在博茨瓦纳的奥卡万戈三角洲中的萨武蒂湿地上穿行。在这片洪水泛滥的地域，对于狩猎如水牛这类的大型动物而言，一只雄狮的存在是相当重要的，只有雄狮拥有能够扳倒一头公牛的力量和身板。

团队战术

在雨季，博茨瓦纳的奥卡万戈三角洲的草原被洪水淹没，如果要猎食水牛或者其他食草动物的话，狮子别无选择，只能入水，其实也就是游到猎物们进食的岛屿上而已。在博茨瓦纳北部，一些狮群已经学会了如何在水中自行捕猎，尤其是捕猎大型的、具有潜在危险的猎物，而这就需要极强的团队合作能力了。于是一些狮群会专注于捕猎河马，其他的主要捕猎水牛和大象，这些动物在雨季的大多数时间都会在浅水区进食。

1. 围绕旋转。一个只有雌狮的狮群围住了一头水牛，绕着它转的同时领头的雌狮在寻找攻击其后方的机会。要放倒这么大的一头动物需要团队合作的技巧和经验，尤其是在这个狮群中没有雄狮的情况下。

2. 后方袭击。 在及脚深的水里，雌狮在泥浆中很难发力，它们冒着滑倒和被水牛刺伤的危险发动袭击。

3. 紧抓不放。 领头的雌狮将它的爪子刺入水牛的身体，并且咬住其背脊，同时，其他雌狮在前方干扰水牛，然而，这离战斗结束还早着呢。一步走错，雌狮可能就会摔倒并被水牛踩到。现在它的后脚在打滑，它就快抓不住水牛了。幼狮们在一边观看学习。

4. 战败。 尽管领头的雌狮已经很努力了，它还是没有足够的力量和体重来放倒这头水牛，只能放走了它。在持续了将近一小时后，这场战斗以狮群的战败告终。

▲ **大迁移。** 一群高鼻羚羊在哈萨克斯坦大草原上迁移。这些游牧动物从未停止移动、寻找地方觅食和在春天繁殖。

◄ **最佳拍照角度下的雄性高鼻羚羊。** 一只雄性高鼻羚羊正看着其竞争对手。该图片从侧面展示了它的角——这也是偷猎者想要弄到手的——和喙状的鼻子。这种大大的鼻子有几种作用：在干燥的夏天除尘，在寒冷的冬天进行热量交换。对于雄性来说，在发情期的鼻吼，能起到威吓竞争对手同时吸引雌性的作用。

大批出生和大批死亡

这片广阔的草原横跨了从俄罗斯到哈萨克斯坦、从蒙古到中国北方的中纬度地区，形成了地球上最大的广阔草原。而要在此生存，动物需要能够应对天气的巨大变化。这里的气候在炙热和严寒间切换，夏季和冬季的温差高达 80 摄氏度，加上频繁的沙尘暴，真的给人一种人间地狱之感。难怪这里有那么多的野生动物都只是季节性的访客而已。

然而，有一种动物不仅能全年在此栖息，它们还是这片土地的主人。奇怪的鼻子形状让高鼻羚羊看起来就像是外星生物，从某种程度上来说也的确如此。数万年来，高鼻羚羊都生活于此，它们曾经和剑齿虎、猛犸象这两种现在已经灭绝的动物一起分享这片广阔的草原。它们能存活至今，是因为采取了一种极为怪异的生命运作方式。

它们能消化一些很少有其他动物能消化的食物，包括青苔。它们的蹄子能挖穿厚厚的雪，这让它们能在深冬时节找到埋在雪下的食物。当湖水和河流全部冻结之时，它们能从冰雪中获取水分。当被狼群追逐时，它们能够以高达 80 千米每小时的速度逃跑。然而，在它们众多的适应性特征中最突出的是其非凡的鼻子。这浮夸凸起的鼻子就像是一台吸尘器一样，在这片狂风肆虐的土地上具有一种非常重要的优势。利用空气再循环的方式，高鼻羚羊的鼻子充当了散热器或空调系统，能让它们的身体在炎热的

冬日的忍耐。高鼻羚羊正在迁移寻找另一片可以在雪下找到草的土地。它们长而厚的白色冬衣在所栖息的大草原上是不可或缺的，这里的气温可低至零下 35 摄氏度，甚至更低。在严冬时节，由于发情导致的虚弱，大多数的雄性高鼻羚羊可能会死去。

天气保持凉爽，在寒冷的天气保持温暖。

　　雄性高鼻羚羊的鼻子比雌性凸起得更高，在发情期它们用大鼻子来增大它们的咆哮声。鼻子越大，声音显得越幽远，这很可能可以帮助一只雄性高鼻羚羊战胜一些天赋不如它的竞争对手，并且有机会和一整群的异性进行交配。即便如此，一只雄性高鼻羚羊的生存概率依然很低：在发情期，雄性高鼻羚羊十之八九会由于受伤或者精力耗尽而死亡。

◀ **第一步**。这是一只新出生的高鼻羚羊，在傍晚时分迈出了其有生以来的第一步，它的孪生兄弟正躺在不远处。高鼻羚羊的幼崽一般在夜晚出生，然后就会被留在出生地——此时它们还不会行走，如果身边有雌性高鼻羚羊，可能会导致它们被注意到。它们的母亲会在第二天的晚些时候来接它们，那时它们已经足够强壮，能够加入族群行走了。

▶ **大批生育**。雌性的高鼻羚羊在哈萨克斯坦的繁殖地进食雨后的新草。春天到来之际，一周之内它们就能生下双胞胎，这可以最大程度地降低每只幼崽被诸如狼之类的捕食者猎杀的概率。

高鼻羚羊对于恶劣环境那不同寻常的适应性还延伸到了其产崽方面，差不多在仅仅一周多的时间内，族群中的每一只雌性高鼻羚羊都会陆续产崽。对于伺机猎食的捕食者狼、狐狸和鹰而言，这意味着一场唾手可得的盛宴（一只狼可以在一小时之内杀死6只高鼻羚羊的幼崽）。这样的大屠杀会令大规模的产崽看起来很疯狂，但通过同时产崽，每一只雌性高鼻羚羊都很大程度上提高了其幼崽的生存概率——这是数量决定安全性的有力证明。

然而，高鼻羚羊这个物种的生存方式也有潜在的危险，一种未知的传染病或是一场突如其来的饥荒会让它们大批死亡，这种情况通常发生在特别寒冷的深冬时节。此外，还有人类的捕猎。高鼻羚羊被大量枪杀，就因为它们的角据说可用作药材。现在这个物种被列为极度濒危动物，在过去的数十年间，它们的数量从200万只降至不足10万只。在这个不太友好的世界里，这些不可思议的幸存者还能残喘多久呢？

复兴之雨

在英格兰东部诺福克郡的一个偏僻之地，已经有两个星期没有下雨了，而西方天空中积聚的雷雨云标志着情况将会有所改变。最初的信号是空气温度的下降，随后小雨淅淅沥沥地落在满是尘土的地上。几分钟后，暴雨倾盆。仅仅几天之后，这片草场就会如万花筒般色彩绚烂，有亮蓝色的矢车菊、奶黄色的珍珠菊和灯心草，还有淡粉色的球果紫堇。草场边缘还有大量盛开的滨菊，以及一片片红色的虞美人。在整片草场上，大面积地生长着各种小小的草花，给这片栖息地增加了物种的多样性和丰富性。全球的草原在雨后都会爆发出生机，这种能力正是草原能遍及世界的关键原因。

▲（左图）隐藏。一只斑木蝶幼虫完美地藏身在草茎间，同时还能进食。

▲（右图）进食。一只绿色的巨蟹蛛在依靠其伪装而非蛛网捕食，它捕获了一只食蚜蝇并开始进食——吸取其体内的汁液。

▲（左图）栖息。为了避开白天的捕食者，一只夜行性的草蛾窝在浓密的草丛中。

▲（右图）初现。一只大蚊刚刚破土而出，幼虫时期它在土里靠吃植物的根发育成长，有着"长腿叔叔"外号的它"蚊如其名"。

草本植物依靠风来传播花粉，而每种不同的花都进化出了独特的方式来吸引不同的昆虫帮助它们传播花粉。雨后，数以百万计的昆虫和无脊椎动物都会出现，甲虫、蟋蟀、蚱蜢、苍蝇、蝴蝶和日间出没的飞蛾——当这些动物在草原上寻找散布生命的花蜜和花粉之时，空气中也充斥着嘈杂的嗡嗡声。

然而，现在这样的景象在大部分欧洲低地越来越难得一见，农业的集约化和除草剂以及杀虫剂的使用根除了任何的植物或者昆虫类的"害虫"，这些草地植物传粉者及其食物的消失，使得传统的干草草原的多样性和数量都大规模减少了。唯一的希望就是，许多草地植物的种子能够在地下"潜伏"数年——甚至数十年——等着有朝一日重新焕发生机。

▲ **安全尾。**一只巢鼠爬上了一根被露珠覆盖的芦苇，它将自己能够抓握的长尾巴当作第五肢来保持平衡。

◀ **住在高处。**一只巢鼠正在其夏天的巢中休息，这个巢由高高的芦苇茎上的干叶子编织而成，巢鼠就在其中侦测杂音。这个巢的作用是休息、遮风挡雨和繁衍后代。巢鼠每胎最多可以产下 8 只幼崽。

居于草屋

随着 6 月的太阳在田野和草原之上升起，云雀在空中盘旋歌唱。在高草之间的动静标志着世界上最小的哺乳动物之一巢鼠的出现。巢鼠这一学名非常适合这种欧洲最小的啮齿类动物——体重仅仅只有几克。它们已经适应了终身都生活和居住在草场高处。如果它们再重一点，就有把草压弯甚至压断的危险。在草场高处，没有其他哺乳动物，只有一些鸟类和它们分享这片栖息地，这使得巢鼠能在这里茁壮成长。这么小的体形的一个缺点就是体表面积和体积之比较大，使得巢鼠在寒冷的天气里变得非常脆弱，它们必须通过不断进食来补充失去的能量。

巢鼠的另一种适应性在哺乳动物中极为罕见——尤其是在生活于东半球的哺乳动物中很少见——它们的尾巴是可以完全卷曲的。就像是生活在西半球的猴子一样，巢鼠会将其尾巴作为第五肢。当它们穿梭于植物之间时，常将尾巴绕在草茎之上，加上它们小小的脚趾和极其锐利的爪子作为辅助，能够抓得很牢固。

正是这些特点让巢鼠能够在草原上各种各样的生态小环境中繁衍生息，包括谷类作物（尤其是燕麦、大麦和小麦）和田野边缘、盐沼地甚至是芦苇丛。在黄昏或是黎明时分，巢鼠尤其活跃，这可能是为了避开日间的捕食者。春夏季节，它们以供应充足的种子和谷物为食，到了秋天，就以水果、浆果，间或昆虫为食。

巢鼠还有一种适应性体现在它们创造了悬挂式的巢。它们使用自己异常尖利的牙齿将草咬碎成一条一条的，然后熟练地编织成一个球形结构后悬挂起来，就像树冠上的树屋一样。巢鼠会编织好几个巢，用于睡眠、遮风挡雨，当然，还有繁殖。

巢鼠通常会在 5 月产崽，一窝中大约有 6 只黄豆大小的幼崽。这些幼崽在草屋育婴室里快速成长，一旦它们睁开眼睛，它们的父母就会为它们不断地寻找食物。这些幼崽在大约 11 天大的时候开始外出探索，长到14~16 天大的时候，通常它们就要开始独自生活了。它们的父母可能会在冬天到来之前再去生一窝到几窝幼崽。

在觅食时，巢鼠必须要避免自己被捕食者发现，这些捕食者不仅包括狐狸、白鼬和黄鼠狼，还有天上的捕食者，包括白嘴鸦、乌鸦或是如红隼和谷仓猫头鹰这样的捕鼠专家。为了对抗这些捕食者，巢鼠进化出了极其灵敏的听觉；一旦感觉到危险，它们就会静止不动，或者如果有必要的话，它们会卧倒在草地里。而人类则给它们带来了另一种不同的危险。在一片田野中，夏末之际人们很可能会把干草或者作物都收割掉，那么那些还没有离巢或在田野边缘筑巢的幼崽就会成为收割机刀下的亡魂。还有很多巢鼠会死在寒冷潮湿的冬季，尽管它们建造了过冬的巢穴，并且当非常寒冷

▶ **无声的突袭。**狩猎的仓鸮挥动双翼缓缓飞近它的啮齿类猎物，然后收拢翅膀直线下扑到长草之中抓住猎物。

的时候会进入长时间的冬眠状态，但它们还是太小了，很难保证能达到足够的体温来维持生命。

昆虫猎手

非洲大草原上的丰富多彩的生命就是一个传奇。虽然最为显眼的动物是一大群一大群的食草动物和在空中飞翔的鸟类，但这里最多的动物——几乎所有的栖息地都如此——是昆虫和其他的无脊椎动物。它们为广大的小型和中型体积的动物，尤其是鸟类，提供了食物。

色彩斑斓的随侍。在博茨瓦纳的萨武蒂湿地，一辆摄影车追随着一队象群，洋红食蜂鸟飞在它们身边，捕获受到象腿与车轮惊吓而飞出的蟋蟀和其他昆虫。它们正在向南迁徙，在降雨过后停留在萨武蒂，尽情享用随着草场的茂盛而大量出现的昆虫。

所有的鸟类都会捕食飞舞的昆虫，蜂虎鸟（又称食蜂鸟）无疑是其中的翘楚。在非洲、欧洲、亚洲和大洋洲的大部分地区，人类发现了超过 25 种食蜂鸟，大多数是在气候比较温暖的地方。食蜂鸟并不仅仅捕食蜜蜂，它们的捕食范围广泛，也会捕食一些其他的飞行昆虫，包括蚱蜢、白蚁、甲虫和蜻蜓。它们利用自己长而窄的翅膀和尾翼，在空中辗转腾挪，追逐猎物。

博茨瓦纳的草原是许多种食蜂鸟的栖息地，其中包括了南方洋红食蜂鸟，它们南迁至此，就为了享用这里雨季之后的丰沛食物。每年的这个时候，也是草原最为丰美之时。只要蟋蟀躲在长草之中，它们就是安全的。

◀ **依附大象。**食蜂鸟盘旋在大象的脚边，利用它们长长的翅膀辗转腾挪捕捉昆虫。

▼ **骑在大鸨身上。**一只食蜂鸟将灰颈鹭鸨当成了一个方便的歇脚处兼"打草惊虫器"，正悠闲地猎食，有时候它能抓住一只甚至还没张开翅膀的蟋蟀。只是偶尔大鸨——它也吃昆虫——会变得十分暴躁。

而洋红食蜂鸟要捕食到它们，还需要另一种动物的帮助，那就是漫步于这片草原上的世界上最大的陆地哺乳动物——非洲象。它们只要等到大象靠近，然后俯冲下来，就可以在大象腿间穿梭，捕获因受到惊吓而乱跳的蟋蟀。

有时候洋红食蜂鸟栖息在移动的动物身上就是为了捕捉昆虫，它们会停在很多动物身上搭个顺风车，其中包括了灰颈鹭鸨。灰颈鹭鸨是世界上最重的飞鸟，也以蚱蜢和蝗虫之类的大型昆虫为食，它们主要在地面上觅食。然而有时候它们也会像食蜂鸟一样，跟在大象之类的大型哺乳动物身边捕捉被惊起的昆虫。

草原上的舞美总监

另一种神奇的非洲鸟类利用其令人惊讶的求爱表演，将高草变成了展现自己的一种工具。杰氏巧织雀出没于肯尼亚的中部和西部以及坦桑尼亚东北部的高地草原，而由于目前农业的集约化发展趋势，其大部分的栖息地都受到了威胁。这是唯一一种有公开的求偶炫耀行为的鸟类，雄鸟会在一片开阔的场地上通过相互竞争表演来打动围观的雌鸟。炫耀求偶是一种"胜者为王得一切"的方式，得胜的雄鸟可以和在场的大多数雌鸟进行交配。

在高地平原上，雨季开始后，在开花植物成熟之际，雄性的杰氏巧织雀会聚集在草地上。每只雄鸟都会围绕着一片中心草丛辟出一个圈用来表演。它们扬起头，竖起脖子上的羽毛，然后勾起长长的尾巴盖住后背，接着一跃而起，常常高达 1 米。然而，周围的草通常长得很高，以至于停歇

▲ 整装完毕，准备跳跃。一只雄性杰氏巧织雀已经为其求爱表演做好了准备，它全神贯注，力争要跳到一人高。它已经准备好了表演场地和草地装饰，而其繁殖羽也已经完全长好了。

▲ **练习跳跃。** 尝试性的一跳。只有当雄鸟知道附近草丛里有雌鸟在观察的时候，它们才会向空中高高跃起，并舞动长而光滑的黑色尾巴。雌鸟也会对雄鸟开辟出的表演场地和修剪草茎的技能做出评价。

在草茎上的雌鸟根本无法看到雄鸟。一些聪明的雄鸟会将这种尴尬的情况转化成自身的优势，它们会将长草当成舞台幕布，每次自己只出现一瞬间。这样通过在雌鸟面前有保留地展示自己，它们可以令自己变得更加独特和神秘。但它们必须要小心：如果它们过于暴露自己，就有被诸如薮猫这样的机会主义捕食者抓住的危险。

如果计策成功，它们就会等着雌鸟在附近落下，然后它们竖起鸟冠和颈羽，与雌鸟共舞。雌鸟只有真的被打动时才会主动与雄鸟交配——而对于绝大多数的雄鸟来说，这是不可能发生的。

就像所有有求偶炫耀行为的动物一样，雄性杰氏巧织雀并不会参与哺育幼鸟，但是当附近有捕食者时，它们会发出警报。不幸的是，这些在地面筑巢的鸟类面临的最大问题是自己的蛋和幼鸟会被进食的野牛踩死。在季节性的充沛食物最终耗尽之前，雌鸟的当务之急是要抚育幼鸟长大。

草 原 **153**

倾听的 "猫儿"

雨季结束后，无情的太阳就一直在炙烤着非洲大草原，将一度郁郁葱葱的绿洲变成了一片黄色和棕色的交杂闪耀之地。对于大型猫科动物——狮子、花豹和猎豹——而言，这种变化是有利的。它们的猎物现在都集中在水塘或是水塘附近，很容易攻击。此时草的颜色也是大型猫科动物的助力：沙棕色的皮毛让它们能够很好地融入草中，在不被发现的情况下跟踪猎物。

同样住在大草原上的还有小型猫科动物：非洲野猫、狞猫和薮猫。它们的目标是小型的哺乳动物，还有鸟类、青蛙、昆虫，甚至偶尔会吃蛇。啮齿类动物是薮猫的主要猎物，在雨季很难抓到它们，但是随着草地变干，它们就变得更容易被看到和听到了。有两种适应性使得薮猫成了一个有效率的猎手。其中一种就是高超的运动能力。和其他任何的猫科动物相比，薮猫的腿相对于它们的身体而言更长。拥有了这样的大长腿，它们能上跳超过 2 米，沿着地面纵跃远达 6 米。

然而，鼠类也会跳跃和急转，因此薮猫进化出了大耳朵，可以找到并精确定位猎物的确切范围和方向。即便如此，最关键的还是要有耐心。薮猫开始捕猎时会在长草丛中非常缓慢地移动，每隔几分钟就停下来倾听。有时候，它们可能需要在原地停留 15 分钟，直到侦测到表明有某种啮齿类动物的微小的沙沙声。它们会用其像弹簧一般的腿和一只或者两只爪子猛扑向猎物进行突袭。如果这只啮齿类动物躲过了最初的突袭，薮猫会再试一次或用其笔直的腿绕着这块区域弹跳，这样也许会惊起猎物，让它们享用到一顿美餐。

只有当草原上刮大风的时候，薮猫才不会费心去捕猎，因为那时候它们很难听到猎物的动静。但是在合适的条件下，伪装、潜行、敏锐的听觉和运

◀ **突袭之后。**在一次高高的跳跃突袭但却错失了猎物之后，一只年轻的薮猫继续用其细长的前腿扫击着草丛。薮猫是非洲的小型猫科动物中最高的一种，长着令人难以置信的长腿——对于在长草中狩猎而言，这一身材优势堪称完美。长长的、像烟囱似的耳朵能帮助它们精确定位猎物弄出的沙沙声。

动能力的结合让薮猫的猎捕成功率非常高，它们是非常优秀的草原捕食者。

割草部队

在世界另一端的阿根廷，广袤的大查科平原上，旱季末期时，更大型的食草动物迁徙到了新的草场上。只有剑草坚硬的叶片还留存着，而大多数草中的营养都已经储存到了地下，为下一次降雨做好准备，届时将会出现一片森林般的草原。

这时，对于绝大多数的动物而言，从地面上还生长着的植被中能获取的能量微乎其微，而切叶蚁进化出了一种从残余植被中获取营养的方式。它们切割植物的叶片，将其带回它们在地下的巢穴里种植、发酵，叶片上就会长出真菌。它们与这种真菌的关系是互利的，这些切叶蚁使这些真菌免受寄生虫之扰，并用草和叶片为它们提供生长的基质。作为回报，真菌为整个蚁群，包括成千上万的切叶蚁幼虫和蚁后，提供了一种可以有持续收获的食物来源。

事实上，切叶蚁所消耗的植被远远比其他任何的动物族群要多，它们是新热带区的主要食草动物。在一个蚁群中，有多达 700 万只工蚁，每只工

▲ **切叶的艺术。**查科切叶蚁看到了一部分新鲜的草叶，它们用锯齿状的下颚将草叶横向切开。切叶蚁将草运回巢穴，提供给地下的真菌花园，而真菌花园又为不断壮大的蚁群提供了食物。

▲ **运输队列。**一列查科切叶蚁的运输队拖曳着比自己长好几倍也重好几倍的草片回巢，身边跟着的是小一些的工蚁，它们正在标记线路并防范寄生蚤蝇。

蚁都能负重自身体重50倍的重物，平均每筑一个巢需要用掉超过1.8亿片分割后的草叶——这是一个需要非凡的合作水平和高超组织能力的任务。

切叶蚁建造的巨大巢穴大部分都位于地下。这些巢穴的结构和白蚁的巢穴一样，它们是由动物建造的最大的建筑结构。其中的工蚁大军被分成了很多种类，且分工各有不同：开挖和施工、垃圾处理、觅食、园艺工作、切碎草和叶子、将切碎的草和叶子运送给真菌、照料真菌并且护理好蚁后和它的幼虫。

在蚁穴里里外外保护族群的是兵蚁。对于族群来说，最大的威胁也许是下雨。在雨季，水渗入地下，阻止了切叶蚁们觅食。切叶蚁用细小的树枝或黏土的碎片堵住所有巢穴的开口，以此防止水流入巢穴。然而对于另一个威胁——寄生蚤蝇，它们就无法轻松应对了。这些微小昆虫的目标是大一些的工蚁。它们的攻击迅速而有效：一只雌性的蚤蝇落到一只工蚁的头上，然后把它的产卵器插进去，产下一枚卵。这枚卵将会孵化成幼虫，以这只切叶蚁为食，并最终杀死这只不幸的切叶蚁。不过遭蚤蝇侵袭的切叶蚁数量其实很少。蚁群仍然是草原上的主要劳动力，它们回收植物资源，并以为许多野生动物提供食物作为回报。

最庞大的族群和最伟大的堡垒

草原是数量惊人的各种生物的家园，尤其是漫步在开阔草原上的一群群大型食草哺乳动物。然而，即便是这么大的数量，和数以亿计的个体组成的白蚁群相比，也是小巫见大巫了。世界上的 3 000 种左右的白蚁和蚂蚁并没有关系，却和蟑螂拥有同一个祖先。它们和蚂蚁的共同之处在于，它们都是"超级有机体"。它们也吃草——吃得比世界上所有的其他动物吃的总和还多。

白蚁不吃新草，而是吃枯草和干草。和所有昆虫一样，它们长期要面对的问题是，它们自身是许多其他动物的丰富食物来源。它们的防御措施就是建造巨大的土墩，以保护它们免受捕食者和突发环境变化的侵袭，同时也提供给它们空间储藏食物以备不时之需。这些堡垒像城堡一样矗立在热带草原上。白蚁将自己的栖息地拓展至了除南极洲以外的各个大洲，并且能够应对季节性的重大天气变化。在适应周遭世界的过程中，这些土墩就像是活的一样，不管外界环境和气候如何变化，仍维持着和哺乳动物的体温相同的内部温度。

在澳大利亚的北部地区栖息着一种特别不同寻常的白蚁——磁石白蚁，在被丛林包围、地势低洼的小片草地上构建起它们的白蚁墩。当季节性的降雨到来之时，这些地方每年总会被淹没一部分，所以在夏季，这里的白蚁不能撤入地下，而要在蚁墩中熬过高温天气。这些蚁墩高达 4 米，都是南北朝向的，这使得白蚁能够最大程度地将它们的巢穴维持在一个恒定的温度，并且让快速流动的空气保持内部蚁室的通风良好。正午时分，太阳最毒辣的时候，蚁墩只有边缘部分是面对太阳的。当太阳升起之时，蚁墩的西边处于阴影之中，在这一边的廊下能找到更多的白蚁；而在下午和傍晚时分，蚁墩的东边处于阴影里了，更多的白蚁就转移到这边了。

在凉爽一些的夜晚，工蚁冒险外出去收割枯草，它们将枯草嚼成小块，然后存储在蚁墩内的蚁室中。下雨天被困在蚁墩中时，它们就要靠这些储备度日了。澳大利亚的原住民对这些白蚁墩十分敬重，相信它们是自己的祖先的安息之所。而他们也从这些小小的昆虫身上学到了很实用的一课：将房子建成南北朝向的有利于在这个无情的大熔炉中尽可能地将环境温度降低。最近，其

▲ **靠太阳定位。**在澳大利亚的北部地区，磁石白蚁将它们巨大的楔形白蚁墩调整成南北朝向，以期在一天中最热的时候尽可能地降低室内的温度。大面积的平整表面也有助于白蚁墩进行"呼吸"。

他地方的建筑师也在研究白蚁墩，希望能为建造低能耗建筑提供一些参考。

但是白蚁墩也并非坚不可摧。和蚂蚁一样，白蚁作为一种储量丰富的潜在食物会吸引捕食者，其中包括一些特殊的动物，比如土豚。这种主要在夜间活动的哺乳动物拥有强有力的爪子和长长的像猪一样的鼻子［在非洲语言中，"aardvark"（"土豚"）的意思就是"土猪"］。土豚是土豚科中唯一还存世的物种。它们生活在赤道地区和炎热的非洲，在草原上漫步，靠嗅觉找到最爱的食物：白蚁。它们会迅速挖开白蚁墩，用其锋利又强有力的爪子挖穿蚁墩外壳，用其黏乎乎的舌头一次性清空数以千计的白蚁。一群像知更鸟一样的鸟类经常会跟在土豚后面捡食它们漏掉的白蚁。

▲ **挖掘蚂蚁。**在巴西的潘塔纳尔湿地，一只大食蚁兽正在用其强有力的爪子挖掘一个蚁穴，然后用它长长的有黏性的舌头吸食蚂蚁。它厚实的皮肤和长长的毛发使它不惧任何噬咬或是叮咬。

◀ **挖掘白蚁。**入夜时分，在博茨瓦纳，一只土豚深入挖掘了一个白蚁墩，再用它长长的舌头舔食白蚁。它被兵蚁攻击了，但是其坚韧的皮肤能保护它免受叮咬或是噬咬。

如果觅食困难，其他动物也会打起数量丰富的蚂蚁和白蚁的主意。在南美洲开阔的大草原上生活着的大食蚁兽，可以用堪比金刚的破坏力攻击一个蚁穴。它们用强有力的脚爪简单地一击就能摧毁一个蚁穴，然后就像土豚一样，用其长长的舌头来进食。然而，蚂蚁和白蚁也并非毫无自卫能力：成群的兵蚁涌出攻击入侵者，像所有的群居性昆虫一样，它们为了在蚁穴内的亲人们已经做好了赴死的准备。

解决大雪带来的问题

在远离灼热的澳大利亚和非洲平原的地方，还有另一种草原也是大量动物的家园。大片的草地从美国的阿拉斯加州延伸到加拿大，从欧洲北部

延展至亚洲东部之滨。这里或许看上去有些荒凉，但是许多动物进化出了获取这里季节性出现的丰富食物的能力。

这其中最有名的哺乳动物之一就是北美野牛。在这些北部平原上曾经漫步着数百万头的北美野牛，然而随着欧洲殖民者的到来，它们中的绝大多数都被屠杀了，只有很小一部分幸存下来。就像所有在偏远极北地区的动物一样，当冬季到来，大雪覆盖草地之时，北美野牛是十分脆弱的。如果积雪超过 1 米，小野牛就有大麻烦了。为了帮助自己的孩子，雌性的野牛会将其强有力的头部当作扫雪机来用，这样它的孩子就能获取到雪面下赖以生存的食物了。

与野牛群比邻而居的赤狐也面临着类似的挑战。而它们的情况是，作为自己食物的啮齿类动物都是住在草原上的老鼠和田鼠，这些小动物在雪下以草为食，任何捕食者都看不到它们。然而，狐狸留心监听着它们的动静呢。利用地球磁场，狐狸能够让身体对准东北方，一头扎进厚厚的雪里。使用这种技巧，它们的命中率很高，经常能扑到正确的地点并用嘴叼着一只田鼠爬出雪层。至今为止，这种狐狸是我们所知的唯一一种利用地球磁场来对猎物进行方向和距离定位的哺乳动物。

再往北，在加拿大北部的北极苔原，另一幕好戏正在上演。这片辽阔

▲ **受益于野牛。** 冬季，在美国怀俄明州的黄石国家公园，一只赤狐正在寻找被野牛的蹄子惊起的啮齿类动物。

▶ **扫雪机。** 荒凉的冬季，在黄石公园里，北美野牛靠着扫雪挖草为生，在此过程中，它们一天要挖掘多达 6 吨的雪。

无垠的草原在一年中有一半时间被白雪覆盖，向动物们发起了另一种挑战。但是有一种动物已经适应了这里的环境并在此繁衍生息：北美驯鹿（在亚欧地区被称为驯鹿）。北美驯鹿的一切，从它们双层皮袄般厚厚的皮毛到充当"雪鞋"的特殊蹄掌，都能帮助它们应对极端气候。甚至于它们所吃的食物——一种不太准确地被称为驯鹿苔的地衣（鹿蕊）——都只有在它们特殊的胃里才能被消化。

北美驯鹿跑得飞快，但它们依然一直处于被狼群捕食的危险中，尤其是当小鹿出生之时。产崽前，雌性北美驯鹿会和大族群分开，朝北迁移到它们的繁殖地，在那里食物营养丰富，昆虫叮咬的情况也较少，但是却没有了体形较大的雄鹿的保护，从而令雌鹿的处境更加艰难。

北美驯鹿会在6月初产下一只小鹿，此时最为严酷的冬日天气应该已经过去了，然而它们依然要面对迟来的降雪甚至冰暴的威胁，这可能会让一整代的小鹿丧命。和高鼻羚羊一样，北美驯鹿的繁殖时间十分集中，这是为了能够将每个个体被捕食的概率降到最低。多达5万只小鹿可能会在同一天出生。很快，它们就能用自己细长的腿站立起来并开始吃奶，在几天之内，它们必须变得足够强壮，为长途跋涉回到其原来的族群做好身体上的准备。

如果族群在这场史诗般的向南方的迁徙中遭到了攻击，雌性驯鹿也许能够逃脱，但往往会有至少一只小鹿被放倒击杀。不过，大多数小鹿都能躲开攻击，并继续前进，去和大族群会合。就像它们的母亲一样，它们已经学会了在这片广阔的北部草原上生存的秘诀：聚在一起，并且永远不要停止移动。

◀ **雪中小鹿。**一只雌性驯鹿（在北美洲被称为北美驯鹿）正在鼓励它的孩子——刚出生几小时的小鹿——站立起来并行走，这样它俩才能和其他的雌鹿与小鹿一起迁徙到西伯利亚的泰梅尔半岛，与它们的大族群会合。

▶ **（第166~167页）繁殖地。**雌性驯鹿在西伯利亚泰梅尔半岛的繁殖地吃草，它们属于欧亚大陆上最大的迁徙野生驯鹿群，族群成员有70多万只。驯鹿总是不停地移动寻找着新的食草之地，它们是游牧性最强的动物之一，以巨大的族群为单位迁移着。

第 5 章
岛　屿

岛屿被海洋环绕着，形成了自己的世界，同时岛屿也是地球上最特殊和神奇的野生动物的家园。岛屿多种多样，大小不一，从格陵兰岛——几乎是英国的 9 倍——到渺小的被浪花拍打的礁石小岛都有。不管是沙漠岛屿、珊瑚环礁还是被冰雪覆盖的岛屿，它们都有一个共同点：与世隔绝。

岛屿形成了自然的边界，限制了外来物种的到来，也让物种的离开变得困难。鸟儿也许可以往来，但其他大多数动物别无选择，只能充分利用周围环境。许多在岛上被发现的物种的祖先是在千百年前通过游泳、顺水漂流才到达这里的。被隔离了这么久，它们已经进化成独特的形态，最终与它们大陆的亲缘物种变得不同。

通过不同的生存方式，一些岛屿物种能够繁衍生息甚至统治这个小王国。神奇的是，尽管岛屿上的物种会少于与之相邻的大陆，但是它们往往是当地独有的物种——有的时候是一个地区或者一个群岛的独有物种，甚至是某个岛屿的独有物种。因此，虽然岛屿占地球面积的不到 1/6，但是却拥有超过 20% 的鸟类、植物和爬行类物种。

在没有了曾经的捕食者或竞争对手的情况下，许多动物（和植物）进化出了不寻常的特征。有些比它们的大陆表兄弟大，比如加拉帕戈斯象龟。其他的物种，如小小的荒岛秧鸡，体形就变得很小。不会飞行的鸟类在岛

◀（第 168~169 页）企鹅天堂。在遥远的南极南桑威奇群岛上，扎沃多夫斯基火山岛是帽带企鹅的天堂，有 150 万只企鹅聚集在一起繁殖。这里远离大多数捕食者并且被鱼群丰富的海洋包围，这能为企鹅的幼鸟提供食物。

◀ 海岛聚居地。位于巴拿马的珊瑚礁岛埃斯库多－德－维拉瓜斯岛是几个物种唯一的家园，这些物种包括埃斯库多蜂鸟、埃斯库多果蝠和侏儒三趾树懒，它们生活在岛上，特别是岛上的红树林中。

上也比大陆更常见，因为在没有天敌的情况下，它们根本不需要飞到空中。但对于许多物种来说，这种进化趋势最终被证明是致命的。

当人类探险者在16~17世纪到达印度洋和太平洋上的偏远岛屿时，他们带来了老鼠、猫和狗。这些动物很快就让岛屿上诸如渡渡鸟之类的岛屿鸟类陷入绝境，这种身材肥硕、行动迟缓的鸟类也吸引了饥饿难耐、渴望新鲜肉食的水手。如今，人们对岛屿动物的濒临灭绝已经有了更清晰的认识。科学家正在努力阻止更多的物种在这些"活体实验室"中灭绝，同时研究在那里繁衍生息的野生动物的独特行为。

最小的树懒

数千年来，野生动物或是漂洋过海直到被冲上岸，或是原本的陆地家园因海平面上升变成岛屿而被困于此，它们都成了"被遗弃"的动物，其中有一些是地球上最奇特的动物。

加勒比海中靠近巴拿马大陆的埃斯库多－德－维拉瓜斯岛和纽约中央公园的大小相当，这个岛屿形成得较晚，仅仅9 000多年前才与中美洲大陆分隔开来。当海平面上升时，有几个物种与其大陆近缘类群的联系被切断了，它们在惊人的短暂时间里进化成独立的物种，其中一种是棕喉三趾树懒。它们算是游泳健将，但没办法游17千米回到大陆。在与世隔绝的情况下，它们的体重减轻了约40%，比一只家猫还轻。它们的冠部和身体两侧还长出了更长的毛发，就像戴着一个兜帽，而且它们头骨的形状也改变了。如今，科学家们认为这种树懒是一个独立的物种，称它们为侏儒三趾树懒。

像所有的树懒一样，它们主要栖息在树上（会爬树），大部分时间似乎都生活在同一片红树林中，在那里以树叶为食。与大陆树懒的食物相比，这里的食物营养相对较少，这也许可以解释为什么这些岛屿动物的体形比它们的近缘类群小得多。

侏儒三趾树懒是"孤岛侏儒症"的一个很好的例子，即岛上的动物一代代的身材越来越小，直到稳定在一个新的大小和体形。这个过程有几个

▶ **小岛侏儒。**在埃斯库多－德－维拉瓜斯岛上，一只侏儒三趾树懒带着它的宝宝，爬上一棵红树植物寻找叶子进食。它们比在中美洲大陆上栖息的三趾树懒小得多，因为这个物种被隔离了9 000年，食物种类非常有限。它们的皮毛被藻类染成了绿色，这为它们提供了伪装和额外的零食。

◀（上图）**游泳动作**。侏儒三趾树懒在高潮位时游过两个红树林间：穿过泥滩的最快方法就是等待潮汐来临，然后游过去。侏儒三趾树懒是游泳健将。

◀（下图）**寻找爱情**。在交配期，雄性侏儒三趾树懒会游到另一片红树林海滩。如果一个雌性正在发情，它会嚎叫着吸引潜在的伴侣，游泳通常是接近雌性最快的方式。

解释。最有可能的是，当一个物种被隔离或被困在某地，同时还出现了食物短缺的情况，体形较小的个体依靠少量的食物就可以活下来，并将它们体形上的基因遗传给下一代。

孤岛侏儒症不仅在海洋岛屿上发生，也可以发生在其他的孤立栖息地，如洞穴、绿洲和山顶——通常被称为"天空岛屿"，因为这些生态环境与真正的岛屿十分相像。但孤岛侏儒症最常发生的地方还是海洋地区。

在埃斯库多－德－维拉瓜斯岛上，侏儒三趾树懒主要生活于不超过 10 万平方米的红树林中。有着这样的限制范围和少量的种群数量——可能只有几百只——也难怪侏儒三趾树懒被列为严重濒危物种。然而对于那些存活下来的个体来说，这不是一件坏事：周围全是它们可以吃的食物（只要红树林保持完好）。身材更加矮小的它们需要的食物比它们的大陆同类更少，所以它们可以睡更长的时间。事实上，如果不考虑被囚禁于这个天堂般的岛屿，侏儒三趾树懒的生活几乎可以说是诗情画意的。

最大的龟

变小可能并不总是在岛屿上生存的最佳途径，许多动物显示出相反的特质：它们变成了巨大的动物。没有比加拉帕戈斯群岛更明显的例子了。在美洲境内的南太平洋沿岸，跨越赤道的加拉帕戈斯群岛因查尔斯·达尔文 19 世纪 30 年代的造访而举世闻名。达尔文通过观察自己遇到的奇异生物及其适应不同环境的方式，提出了自然选择的进化论，使加拉帕戈斯群岛成为进化论产生的摇篮。

在他遇到的所有动物中，很少有像加拉帕戈斯象龟那样令人印象深刻的动物。它们的平均体重与 3 名成年男子体重的总和大致相等。这些巨大的爬行动物曾经遍布世界的好几个大洲，但是今天它们只存在于两个群岛上，其间相隔数千千米的海洋：印度洋上的亚达伯拉环礁和太平洋上的加拉帕戈斯群岛，它们在 21 个岛屿中的 7 个上栖息。这些爬行动物不仅身形巨大，而且是最长寿的动物：它们在野外可以存活一个多世纪（最长寿的高达 170 岁）。在已知年龄的 15 只象龟中，现在还有 11 只存活着。

像加拉帕戈斯群岛上的许多其他动物一样，象龟是从南美洲大陆穿越海洋的漂流者。它们能够穿越这样的距离——约 1 000 千米，是因为它们会漂浮在海上，在没有食物或水的情况下存活几个月。通过洋流的帮助，虽然有些会向西漂移，它们中的大部分还是可以登上陆地并繁衍生息。

达尔文对这些爬行动物的大小感到震惊，他在日记中写道，要举起一只象龟需要 8 个男性合力。那为什么它们这么大呢？一种观点认为只有最大的龟才可以在这么艰难的横渡过程中幸存下来，因为它们的体积与表面积之比更大，这让它们可以保存水分，而它们较长的颈部令它们可以更容易地呼吸。

另一个明显的特征是它们外壳形状的变化，其形状似乎与它们居住的岛屿栖息地相关：那些生活在郁郁葱葱、植被良好的岛屿上的象龟有着半球形的龟壳和较短的脖子；那些生活在干燥、沙漠般的岛屿上的有着鞍形的龟壳和长长的脖子。据推测，在植被覆盖的岛屿上，它们很容易获得食物，而在更干燥的岛屿上，它们可能需要够食更高的植物，比如大量的刺梨仙人掌。而一些科学家认为这可能只是一个巧合，鞍形壳实际上是性选择的产物，因为世世代代的雌龟都喜欢龟壳前部更高且脖子更长的雄龟。上述两个具有相似外形的物种并不一定有亲缘关系，这往往说明它们已经进化成适应它们栖息地的样子了。

众所周知，达尔文在到访加拉帕戈斯群岛时并没有注意到每种岛龟之间龟壳形状的差异，他回到英国之后才开始发展自己的理论。令他抱憾终身的是，他并没有在龟壳上标记发现该龟的岛屿的名字，因此使得标本根本无法佐证他的假设。

当这个岛屿在 16 世纪被发现时，有多达 25 万只象龟，而今天只剩几千只了。如今人们对栖息地采取了保护措施，并清除了外来物种，这些巨大的爬行动物的未来似乎有保障了。

这里有龙

如果你想看到一头真正的巨兽，就从印度尼西亚群岛的 17 000 多个

▶ **最大的幸存者。** 在偏远的印度洋环礁亚达伯拉上生活的亚达伯拉象龟——亚达伯拉环礁是塞舌尔群岛的一部分。亚达伯拉象龟超过 1 米长，是存活在这个世界上的最大的巨型龟。其他的巨型龟因被来此的海员或定居者追捕而灭绝，或者其栖息地被伴随人类而来的外来物种毁坏了。这些巨型动物可以活 100 年左右，甚至可能长达 150 多年。

岛屿中挑几个去看看吧。在这里你可以找到地球上最大和最可怕的蜥蜴：科莫多巨蜥（又称科莫多龙）。它们第一次被记录下来是在一个多世纪前的1912年。那时这个物种可能已经被制图师发现，因为在地图的这个地区（指科莫多岛）被标记着不祥的警告："这里有龙"。

这种巨大的爬行动物与它们的名字很相称：它们约有3米长，体重与一个高大的成年男性相当。自从所居住的岛屿被海洋与陆地分隔之后，400多万年来这一物种一直在进化。作为遗世孤立的物种，它们很好地适应了环境：顽强并且健壮，还有着坚韧如皮革的皮肤。科莫多巨蜥不用担心有更大的竞争对手，它们是无可争议的岛国统治者。像几乎所有的蜥蜴一样，科莫多巨蜥每天早晨必须沐浴在热带阳光下，才有足够的能量活动。即使这样，它们也很少有行色匆忙的时候，它们缓慢地挪动步子穿越岛屿，寻找潜在的猎物。

它们敏锐的嗅觉可以捕捉到任何路过的猎物的气味，并且经常伏击它们的猎物。对于这么大的一种动物来说，它们隐藏自己的能力非常出色，它们同时有着同样令人惊讶的速度。虽然它们捕杀各种各样的动物——鸟类、哺乳动物，甚至是无脊椎动物——它们也不讨厌腐肉：啃食死鹿比捕杀活鹿节省体力，而且食物的营养价值是一样的。能吃什么就吃什么、不挑剔是在岛上生存的一个优势。科莫多巨蜥还有一个非常有效的武器。当它们咬住猎物时会分泌毒液，虽然猎物可能不会立即被杀死，但是也坚持不了几小时。此时科莫多巨蜥便耐心等待猎物死亡——大多数猎物在毒液生效之前会因失血过多而死或者变得虚弱，从而无法对巨蜥构成威胁。

在任何环境中，爬行动物成为顶级捕食者都显得不可思议。但生活在岛上意味着科莫多巨蜥几乎没有竞争对手。它们也改变了自己的繁殖行为：雌性巨蜥能够孤雌生殖——它们可以在没有受精的情况下生育——当然它们也能够有性生殖。这赋予了它们更多的优势，雌性个体可以通过与其儿

▶ **猎物的味道。**一只用舌头"闻"猎物味道的科莫多巨蜥快速穿过海滩。它的唾液中充满了细菌，这有助于杀死任何被它咬伤的动物。

子们交配从而在栖息地开枝散叶。

它们并不总是单打独斗：在蜥蜴中独树一帜的是，科莫多巨蜥会聚集在一起，使杀死猎物的概率最大化。集体狩猎可能导致个体之间的争执，但体形较小的一方通常会退让。科莫多巨蜥偶尔会袭击人类，只要被那些可怕的大嘴咬上一口往往就会毙命；但它们更有可能采取挖掘浅墓穴这种更加简单的方案捕猎。

将这些巨大的爬行动物与它们在澳大利亚大陆上生活的身材稍小的近亲相比，很容易假设它们的体形是"巨大化"造成的结果，因为"巨大化"让海洋岛屿上的食草动物体形变大。然而，即便我们认为科莫多巨蜥是一种巨型动物，它们实际上也是一种更大型的动物因长时间的地理隔离没有变大反而变小后形成的物种。科莫多巨蜥似乎是由一个更大的物种进化而来的——现在已经灭绝——它们在大陆上的近亲达到 7 米长，是我们今天

摔跤的巨人。两只科莫多巨蜥——世界上最大的蜥蜴——在科莫多国家公园的林卡岛上搏斗。这场打斗只持续了几秒，一只就被另一只撞倒在地。

看到的科莫多巨蜥的两倍。

　　进化生物学家贾雷德·戴蒙德认为，那些史前蜥蜴进化出巨大的体形是为了狩猎另一种现已灭绝的动物，即矮小的剑齿象。这种动物直到几千年前还栖息在科莫多岛附近的弗洛勒斯岛上，而那里现今还生活着约2 000只科莫多巨蜥。事实上弗洛勒斯岛和科莫多岛上两种血缘相近的小型龙类的存在都支持着一种观点，即岛屿生活没有让一种大型蜥蜴变得更大，而是恰恰相反。这种观点认为，当大型动物的活动范围缩小时，该动物的体形也会变小。

　　这些物种，包括我们今天看到的科莫多巨蜥，都可能是由更大的动物进化而来的，所以实际上——正如世界另一边的侏儒三趾树懒的例子——孤岛动物会侏儒化，而不是巨大化。

像意大利面一样的蛇

侏儒三趾树懒的进化结果表明，身材矮小有一些优点，比如能够更好地应对食物短缺，能够依靠捕捉较小的猎物来生存，并且能够更快地繁殖以应对周围环境突然或极端的变化。而作为捕食者，更大更强所带来的优势一定比劣势大吗？在加勒比群岛的马提尼克岛的森林里，生活着一种非常微小的捕食者。它们很容易被忽视，直到2008年才被科学家记录下来。

马提尼克双线细盲蛇的长度只有10厘米，像意大利面条一样又长又细。它们与其近亲巴巴多斯双线细盲蛇竞争着世界上最小的蛇的头衔。鉴于世界上另外两种很小的蛇也出现在加勒比群岛孤立的巴巴多斯岛和圣卢西亚岛上，所以体形变得如此之小一定有某种优势。在这里，岛屿上的其他掠食性动物较少，所以允许这些小蛇见缝插针，捕食数量众多的蚂蚁和白蚁的卵与幼虫。但是，变这么小是要付出代价的。大多数蛇类最多可以生100个蛋，而双线细盲蛇只能生一个，如果生多了，它们的幼崽就会太小而无法生存。这使它们的后代非常容易遭到捕食，别忘了大多数爬行动物采取的生存策略都是"数量决定安全性"。这也就意味着该物种繁殖得非常缓慢，容易受到诸如森林栖息地丧失或极端天气如飓风等突发外部事件的影响。

尽管如此，侏儒化是许多岛屿的爬行动物和两栖动物的进化方向：发现巴巴多斯双线细盲蛇的科学家还在古巴"山岛"的"岛屿"山上发现了世界上最小的青蛙之一，并且在一个孤立的、没有捕食者的加勒比海岛屿上发现了世界上最小的蜥蜴——雅拉瓜壁虎。所以只要这个栖息地是未经染指的处女地，无论生物是越变越小，还是像加拉帕戈斯群岛或亚达伯拉环礁上的象龟那样越变越大，在进化上都是能自圆其说的。

▶ **线一样细的蛇**。世界上最小的蛇正蜿蜒穿过马提尼克岛森林里的枯枝落叶。这条双线细盲蛇——世界上最小的蛇——能够挤进微小的空间搜寻白蚁和蚂蚁。但如此细长身体的代价是一次只能生一个蛋。它的小嘴意味着它可以像吸食糖果一样吸食白蚁和蚂蚁的卵，却不能像其他蛇一样完全打开它们的下颌进食。

形态各异的狐猴

  岛屿生活并不仅仅导致了生物体形上的极端变化——无论是变大还是变小——也让与大陆隔离的生物在数百万年间进化成独特的形态。我们了解这种形态进化过程的地方是一个大的岛屿：马达加斯加岛。该岛是地球上现存最古老的岛屿——至少在 1.65 亿年前便与非洲大陆分隔开，最终在约 8 800 万年前离开印度次大陆。没有比这里更好的寻找独特进化生物的地方了。马达加斯加是一个真正的活体实验室——在该岛生活的动物和植物与世界其他地方的差异很大，所以也有人称马达加斯加岛为"第八大洲"。

  这个岛屿几乎和美国的阿拉斯加州一样大，是英国面积的两倍以上。它拥有超过 10 000 种独一无二的植物（占岛上总植物物种数的 80% 以上）；

▲（左图）艾艾狐猴——一种濒临灭绝的、昼伏夜出的马达加斯加狐猴，正在用它修长骨感的中指轻敲树木，以确定昆虫幼虫藏身的洞穴并把它们引出来。它巨大的耳朵表明它是靠听觉发现猎物的，不过其食物大多是种子、水果和坚果。

▲（右图）贝氏倭狐猴——地球上已知最小的灵长类动物，在马达加斯加很小的一块干旱林中才能见到。它们主要在晚上进食，主要以水果、树胶和昆虫的含糖分泌物为食。

▲（左图）领狐猴——马达加斯加最大的狐猴（还有红领狐猴），濒临灭绝。它们基本上只吃水果、种子和叶子，也喝花蜜，同时还会为至少一种植物传播花粉，它们很有可能是世界上最大的传粉者。

▲（右图）金冠狐猴——另一种只吃水果和树叶的狐猴，只在马达加斯加岛的一个区域生活。和其他狐猴一样，它们也濒临灭绝。

岛屿上 96% 的爬行动物、60% 的鸟类、100 种鱼、全部 650 多种陆地蜗牛，以及岛上大部分的蝴蝶都是独一无二的。但真正令人着迷的是马达加斯加岛上独特的哺乳动物。

岛内的 200 多个现存物种之中，超过 1/3 属于一个物种：狐猴。每一棵树都是它们的栖息地。狐猴是原始灵长类动物，与其他大眼睛、夜行、树栖的灵长类动物，如树熊猴和懒猴等血缘最近。狐猴的祖先似乎在大约 6 000 万年前就已经到达了马达加斯加。它们很可能是从海上来的，顺着洋流利用漂浮的植物从非洲大陆向东漂流了近 500 千米。它们发现了一个天堂般的岛屿：没有大型哺乳动物捕食者和其他哺乳动物，有很多空闲的生态资源可以利用。

随着时间的推移，狐猴的祖先进化出独特的身体形状和大小，非常适合特定的生活方式。某些种类，例如领狐猴，进化成像猴子一样能够在树与树之间荡来荡去；其他种类，如环尾狐猴，进化出能让它们贴着地面行走的体形。生活在自然界中的不同位置使各种狐猴逐渐形成了天差地别的习性：环尾狐猴是著名的社会动物，而神秘的马达加斯加大狐猴——世界上现存最大的狐猴，体重大约有 9 千克——则更喜欢离群索居。

它们的饮食也反映了它们的生活方式：有些吃昆虫，有些只吃水果和坚果。竹狐猴，猴如其名，完全依赖于快速生长的竹子生存。很多狐猴选择在暗处或夜晚进食，这就解释了为什么有几种狐猴直到大约 10 年前才被发现。

两种非常不同的狐猴物种都采取了昼伏夜出的生活方式。大狐猴慢慢地穿过森林冠层，寻找昆虫及其幼虫，通过其细长的中指把它们从树上的洞里钩出来。贝氏倭狐猴——这个星球上最小的灵长类动物——体重只有 31 克。它们的栖息地仅仅在位于马达加斯加岛西海岸的热带雨林的一小块区域中，它们以水果和昆虫的含糖分泌物为食。

维氏冕狐猴找到了一个条件极其艰苦的栖息地，那里几乎没有其他的动物生存。有一个种群居住在马达加斯加岛南部沙漠地区的多刺丛林中，它们掌握了在带刺的树干间跳跃却不会伤害到自己的技巧。母亲必须把它唯一的后代挂在自己的肚子上或背在背上，同时跳跃 10 米的距离。当维氏冕狐猴落到地面时，它们会采用一个奇怪的步态——将双臂举过头顶蹦跳着行走。

狐猴因为缺乏竞争且擅长填补空白的生态位而主宰着马达加斯加岛上的哺乳动物界。6 000 万年以来，这种策略非常奏效；但在过去几百年间，狐猴这个种群变得十分脆弱。自从 2 000 年前人类到来至今，至少有 17 种狐猴已经灭绝。所有这些灭绝的种类体形都比现存的种类大，可能是因为它们更容易被捕捉也更美味。今天，大部分种类（世界自然保护联盟给出的数据为 94%）的狐猴因为森林遭砍伐、被狩猎和捕获后当作宠物进行交易而受到威胁，加上当地政治局势的不稳定，长期的保护措施难以实施，狐猴的未来不容乐观。

▶ **有力的一跃。**利用强壮的后腿，维氏冕狐猴在马达加斯加岛南部长满刺的丛林之间跳跃。和其他大狐猴相比，它们的手臂更短，但是跳跃得更远。

▶ **（第 188~189 页）跳着行走。**在树林之间的空地上穿过的马达加斯加大狐猴采用很独特的横行方式，利用它们的手臂保持身体的平衡。像其他狐猴一样，这一物种濒临灭绝，只存在于这片带刺的森林中。

◄ **回巢。** 一只雌性信天翁，大约 24 岁，在海上翱翔半年之后回来见它的伴侣。它先回到了它们在斯奈尔斯群岛上错综复杂的雏菊灌丛中建造的鸟巢。它们使用这个巢超过 10 年了，由泥土和植物制造的巢可以让蛋和幼鸟在下雨时远离流淌的污水，这在斯奈尔斯群岛上经常发生。

"海员" 回家

在南冰洋一个偏僻的、狂风肆虐的小岛上，团聚即将来临。这对夫妇几乎半年没有见过面。它们双方都在这段时间里在南半球的海洋上空翱翔了数千千米，从来没有降落。

它们是新西兰信天翁。雄性整个冬季都待在塔斯马尼亚州南部一带的海洋；雌性则一路飞过智利和秘鲁的海岸，在渔获丰厚的洪堡海流（秘鲁寒流）中捕食，这或许能解释它迟到的原因。它们应该在新西兰最南部的斯奈尔斯群岛会合。雄鸟焦急地等待着雌鸟的到来，当然雌鸟很可能不会来了——每年都有成千上万的信天翁成为工业捕鱼的受害者，死于长串的诱饵钩。

如果雌鸟能够回来，这对大海鸟必须抓紧时间。这里的夏天适合繁殖，但是时间短暂，仅仅够这对情侣交配并让雌性孵化它唯一的蛋。这个蛋所孵化出来的幼鸟是在鸟类世界中长相最滑稽的幼鸟之一。

外海貌似一个充满危险的栖息地，但是对于信天翁来说这里就是家，因为陆地上的风险要高得多。这就是为什么新西兰信天翁——大约 9 000 对——选择在南冰洋的小型岩岛上繁殖，它们知道这里远离捕食者，除人类之外没有陆地哺乳动物可以到达这里。这里也是它们每年回来繁殖的地方——1948 年互定终身的一对信天翁在 23 年后的 1971 年仍然在同一个巢穴繁殖。

信天翁不是唯一一种利用这个安全场所繁殖的鸟类。这里有数百万的灰鹱。它们被称为"羊肉鹱"，其美味的肉让水手们垂涎不已，他们会捕捉羽翼渐丰的幼鸟。这里还有斯奈尔斯冠企鹅——25 000 对斯奈尔斯冠企鹅只在这里繁殖。300 多万只海鸟挤进了面积只有 3.5 平方千米的小地方，改变了这个岛屿的生态：它们将叶子带入鸟巢，有助于营养物质的回收利用，同时它们的粪便也使土壤变得肥沃。

最后，雌性信天翁回来了，大声地呼唤它的伴侣。现在分秒必争，它们能否在秋天的狂风侵袭这块光秃秃的土地之前将幼鸟养大呢？孵蛋要用超过 10 周的时间，而幼鸟需要 20 周的时间才能长好羽毛。

雌鸟坐在它的窝里，有充足的时间环顾岛屿的环境。岩石地带点缀着巨大的植物：麦夸里岛卷心菜、一种巨大的胡萝卜和一种没有刺的（非常

幸运）巨荨麻，以及两人高的雏菊灌丛，它们在没有当地食草哺乳动物进食的情况下长成了巨型植物。

如果一切顺利，那么这只幼鸟在其父母降落大约 6 个月后就可以离开了。但是，就算终于学会了飞行，它还要等到至少 10~12 岁才会性成熟。在此期间它会翱翔于南部的海洋，毫不费力地滑过冰山，最后它也准备回到自己出生的地方，并养育自己的幼鸟。

食鸟之岛

一旦秋天过去，亚南极群岛（如斯奈尔斯群岛）的环境就变得非常恶

▲ **信天翁的巢。**新西兰信天翁待在它们雏菊灌丛中稳固的巢里，旁边还有很多巨型卷心菜（不是真正的卷心菜，以前水手用它来防治坏血病）。

▶ **小企鹅，大雏菊。**斯奈尔斯群岛上的冠企鹅沿河床而上，去往它们位于东北岛雏菊灌丛内部的巢中。斯奈尔斯群岛是它们进行繁殖活动的唯一一个群岛。

劣，无法维持大量的鸟类生活。想要找一个鸟儿可以全年无忧无虑生活的天堂，我们需要去热带地区。塞舌尔群岛位于赤道南部，印度洋西部；这儿的确是个热带天堂。但真的是天堂吗？除了无尽的阳光、白色的沙滩和生机盎然的蓝色海洋，这里也有黑暗和险恶的事情。这涉及一种非常奇怪的植物，叫腺果藤，还有一种燕鸥，叫小玄燕鸥。

这种优雅的海鸟在库金岛上大量筑巢，在 6~8 月的东南季风期，有 8 万对小玄燕鸥挤在这一小片土地上。它们用树叶和海藻筑巢，尤为特别的是它们选择喂养幼鸟的地方。小玄燕鸥在腺果藤中筑巢，幼鸟至少在一段时间内可免于被螃蟹和小蜥蜴从下面偷袭。因为幼鸟长大的过程中，腺果藤有倒刺的种子也一并长大。小玄燕鸥小心谨慎地选择在雄株植物上筑巢，但雌株的种子会落在地上。当幼鸟离开巢并开始探索周围的环境时，种子就牢牢地挂在了它们细嫩的羽毛上。

如果只有几颗种子挂在羽毛上面，那么小玄燕鸥还可以接受，当它们最终羽翼渐丰、远走高飞的时候，种子会与它们一起旅行，这使植物能够在更大的范围内传播种子。但这个聪明的伎俩常常事与愿违：幼鸟可能因为种子太重，所以永远不能正常长出羽毛，最终死在地面上。难怪当地人把腺果藤叫作"捕鸟树"。据推测，这很有可能是植物在利用动物的尸体作为简便易得的肥料。

小玄燕鸥的近亲白玄鸥避免了在腺果藤上筑巢的危险。它根本就不筑巢，而是在一根裸露树枝上的一个浅凹处孵一个蛋。这样做可以保证鸟蛋和幼鸟的相对安全，防止螃蟹、老鼠和蜥蜴的骚扰，也能防范如蜱虫和跳蚤之类的寄生虫。但这依然是有风险的：大风可能会吹掉鸟蛋。发生这种情况时——这种情况还挺常见——白玄鸥只能产下另一个蛋，毕竟它们不像信天翁那样必须要抢在夏天结束之前养育幼鸟，这里的繁殖季节是永不会结束的。

岛屿的诞生

与世隔绝的岛屿是动态变化的。在大多数情况下，这种隔绝发生得很

► （上图）腺果藤带来的问题。一只幼年的小玄燕鸥身上挂满了"捕鸟树"的种子。随着鸟儿到处走动，很多种子会挂在它们的羽毛上面以至于妨碍它们飞行，即使梳理羽毛也扯不掉这些种子。

► （下图）悲伤的结局。一只小玄燕鸥的幼鸟由于身上挂满了腺果藤的种子而最终饿死。腺果藤两年开一次花，正好和成年的小玄燕鸥的到来与幼鸟长羽毛的时间同步，这让它们有两次机会播撒种子。

缓慢。岛屿是因为地球构造板块的缓慢变化或逐渐上升的海平面从而与本来连接在一起的大陆分开的。不过一些岛屿的产生更具爆发性，在很短的地质时间内它们就能从海洋深处冒出来。从 1963 年 11 月至 1964 年 6 月，在这 6 个多月的时间里，一座全新的岛屿出现在冰岛南端，这就是叙尔特塞岛。它以冰岛神话中巨人的名字命名，是由海底火山喷发形成的。

在火山停止喷发的时候，叙尔特塞岛的面积已经有大约 3 平方千米，虽然在海水的冲击下它在逐渐减小，但是海拔仍然超过 150 米。

对于科学家——特别是生物学家来说——这个岛屿的突然出现为他们提供了一个很好的机会，来研究生物是如何开拓栖息地的。他们从头开始记录下了到达这片原始黑土地上的植物和动物：飞来的昆虫和鸟类、被风吹过来的植物种子，以及海岸附近的海洋生物。每个新物种的到来都标志着这片新土地的全新历史。

今天，在叙尔特塞岛出现半个多世纪后，岛上有记录的物种包括 70 多种植物，筑巢的海鸟——其中包括海鸥、管鼻鹱和海鹦，以及数百种无脊椎动物，这些无脊椎动物中有许多都是不会飞行的，是通过挂在鸟儿的羽毛上或者漂洋过海来到此处。

叙尔特塞岛不是过去几十年间出现的唯一一座岛屿，在日本周围、南太平洋的汤加王国和夏威夷群岛附近都有新岛屿出现，它们都是经过数百万年火山活动的产物。夏威夷群岛是离陆地最遥远的群岛之一，不同的新物种占领岛屿的典型时间间隔是 1 万 ~10 万年。直到大约 1 700 年前人类到来，一切都变了。人类带来了远方的物种，如今夏威夷群岛每年有 20 个新物种来此栖息，这是破坏性的，导致了许多本土物种灭绝。

水中蜥蜴

如果你想成为成功的岛屿殖民者，第一个到达岛屿至关重要。任何第

◀ **新生岛屿。**叙尔特塞岛，大约 60 年前冰岛一个火山喷发的产物。现在它被由风吹来、自己飞来或者"搭顺风车"而来的植物和动物所占领。

一个到达岛屿的植物或者动物都有机会占领整个生态系统，或在其他竞争者和捕食者到来之前适应这里的新环境。在费尔南迪纳岛——全世界最年轻的岛屿，同时也是加拉帕戈斯群岛最大的岛屿之一——有一种爬行动物（海鬣蜥）因为这座火山岛从水中升起之后立刻上岛，从而成了这里的霸主。

海鬣蜥在大约 800 万年前通过漂浮的浮木或者植物到达了南美大陆，在这里，它们适应了全新的生活。顾名思义，海鬣蜥已经适应了在海洋中生活，这使其在全世界的 6 000 种蜥蜴中独树一帜。

海鬣蜥花费大量的时间在海岸线又硬又黑的岩石上徘徊。没有什么东西可以打扰它们——没有动物会去捕食成年海鬣蜥（不过幼年的海鬣蜥会被捕食），它们也很少有竞争对手。饿了时，它们就从岩石上滑到海里，下潜寻找食物，特别是藻类（海藻），整条海岸线随处可见。海鬣蜥越大，就能潜得越深。

但是，因为是从陆地动物进化而来，它们很难在岛屿周围的寒冷水域中保持身体的温度，小一点的海鬣蜥每天只能进行一次长时间的潜水，时间取决于潮汐的时间和它们什么时候可以让身体暖起来。潜水归来，海鬣蜥拖着身体爬上岸，赤道上空的阳光温暖着它们的身体，而名字奇怪的红石蟹（又名萨莉轻脚蟹）从它们的身体上剥下死皮吃，蜥蜴则捕捉它们身边的苍蝇。红石蟹和蜥蜴都是在利用这里的统治动物过活。

所以海鬣蜥的生活很简单——直到它们繁育后代。正如很多其他蜥蜴把蛋放在浅洞一样，它们把蛋放在海滩上。但是在 6 月，当小海鬣蜥孵化时，食肉动物也正在等待着它们的美食。小海鬣蜥孵化时，加拉帕戈斯群岛鸳和军舰鸟会来捕捉它们，但是与陆地上潜伏着的危险——加拉帕戈斯游蛇相比，这种来自空中的轰炸就显得无关紧要了。尽管敌人众多，还是有足够数量的海鬣蜥幸存下来统治这个岛屿。

尽管查尔斯·达尔文认为它们是"恶心、笨拙的蜥蜴……预示着黑暗"，但是就连他也无法否认，这种富有创造性的海鬣蜥以一种非凡的方式适应了它们的岛屿家园，占据了一个没有其他种族成员能够占据的生态位。

▶ **岛上太阳的崇拜者。** 在加拉帕戈斯群岛的费尔南迪纳岛上，一对海鬣蜥在太阳升起之后在沙滩上晒太阳，还有一对小海鬣蜥把它们当作了石头。这种海鬣蜥是真正富有开创精神的殖民者，它们适应了在海中觅食海藻的生活。

▶ **（第 200~201 页）潜水觅食。** 一只海鬣蜥在费尔南迪纳岛的浅滩中寻找海藻。尽管海鬣蜥可以在水中屏气一段时间，但是海水冰冷，隔一会儿它们还是需要上岸暖和一下。大海鬣蜥失去热量的速度没有那么快，所以可以在水中待得更久、潜得更深。

求生之路

　　海鬣蜥的蛋会被加拉帕戈斯群岛上的许多外来物种，甚至一些本地鸟类吃掉。当小海鬣蜥从沙子中孵出来前往岸边时，它们要和一群蛇赛跑。加拉帕戈斯游蛇知道什么时候有利可图，并耐心等待。如果一只小海鬣蜥慢慢爬，它可能不会被注意到，因为蛇看运动的物体比静止的物体更加清楚。但是一旦它跑起来，蛇就会开始追捕，有时候多达20~30条蛇一起追捕小海鬣蜥。在平地上，小海鬣蜥跑得比蛇快，但如果它朝向崎岖的火山岩跑，就会进入杀戮者的包围圈，被蛇抓住并生吞入肚。

1. **等待者**。加拉帕戈斯游蛇等待小海鬣蜥孵化出来。它们经常十几条聚成一群，躲在熔岩洞中等待动静。

2. 追捕。 一只小海鬣蜥爬得太快，慌不择路。游蛇发现了它，追到了海边。

3. 挣扎。 游蛇们用自己的身子缠绕住小海鬣蜥，它们扭动着想用嘴叼住小海鬣蜥的头部来抢夺这顿美食。

4. 最终结果。 几条蛇缠着小海鬣蜥的尾部不放，但是最终会将猎物让给吞食其头部的那一条蛇。这条蛇会直接活吞小海鬣蜥。

红蟹和疯狂的蚂蚁

　　如果你住在一个岛上，即使你是一只海鬣蜥，你也永远不会满足。因为一旦岛上发生某种改变，你可能就会受困于此，更无法逃离这个脆弱的天堂。圣诞岛位于印度洋，远离澳大利亚的西北海岸，但有一部分在地理上和生态上更接近新几内亚。和很多的海洋岛屿一样，圣诞岛上的动物和植物种类都是相当有限的，这使得在这里生活的物种能够繁衍生息，在某些情况下甚至可以繁殖百万之众，其中最著名的是各种陆地螃蟹。这些螃蟹与海鬣蜥正好相反，它们离开了海洋在陆地上生活。但它们还是需要进海产卵，因为它们的胚胎必须在海里发育。所以每年11月岛上的海滩上

▲ **准备出发。**一只雌性圣诞岛红蟹带着它的受精卵前往海边。它刚刚从雄性红蟹的交配洞里钻出来。这些平时安静平和的螃蟹在迁徙的时候新陈代谢十分旺盛。

▶ **出海归来。**雌蟹从海中归来。浪潮来的正是时候，它们的卵被产入海中并且已经快要孵化了。一个月之后幼蟹将回到岛上成为陆地蟹。

就会出现最大的野生动物奇观之一，8 000万只红蟹向海洋进军，这是一次史诗般的旅程，还有可能赔上性命。鸟儿等着伏击，椰子蟹也是如此，但最大的威胁却是一种又小又危险的生物。

细足捷蚁俗称黄疯蚁，这一俗称得名于它们受到打扰时的抽搐动作，它们的来历尚未可知。有研究指出它们可能产自东南亚，但是如今在整个热带地区都可以发现它们，并且黄疯蚁已经被认定为世界上最厉害的入侵物种之一。在数量密度低时，黄疯蚁不是大问题，但是当获得了食物来源，它们可以主宰任何本土蚂蚁的命运。它们占据了覆盖广大地区的超级领地。它们还攻击体形较大的动物，包括途经它们领地欲去往海滩的红蟹。它们

▲ **真正的疯蚁**。喜爱糖分的黄疯蚁一拥而上爬到了一只红蟹身上，它们杀死它不是为了吃它的肉，而是因为迁徙的红蟹穿过了它们的领地。这些外来物种现在在圣诞岛占据了超级大的领地，并且大肆残杀螃蟹和破坏岛上的生态环境——螃蟹是重要的森林园丁。

▲ **群体的战利品。** 一队黄疯蚁抬走了一块蟹钳——一块丰富的蛋白质。它们平时吃介壳虫分泌的蜜汁，但是也会往螃蟹的眼睛和关节内喷射蚁酸，再肢解螃蟹的身体，把它们一块一块地带回超级领地之内。

会采用一些狡猾的捕食方式：幼蟹可能会被吃掉，但蚂蚁会攻击所有年龄段的螃蟹，向它们的眼睛里喷射蚁酸弄瞎它们。这样做的目的纯粹是为了防御而不是吃它们。螃蟹的数量因此减半，如果这种情况持续下去，那么它们可能会在接下来的几十年内灭绝。这将对该岛造成破坏性的影响：螃蟹挖的洞穴能使空气进入土壤，它们以杂草为食，可维持森林良好的自然环境。目前，当地政府正试图通过控制介壳虫的数量来控制蚂蚁，因为介壳虫分泌的蜜汁是蚂蚁的食物。

如果螃蟹真的消失了，它们绝对不是第一种先主宰了岛屿却又灭绝的岛屿动物：自1500年以来，80%已知的种群灭绝都发生在岛上。

地狱变天堂

正如圣诞岛上的红蟹的命运所表明的，无论你多么好地适应了环境，当情况发生变化时，你的优势很快就会变成弱点。那么在这世界上有乌托邦一样的岛屿吗？

扎沃多夫斯基岛是南大西洋的一个南极火山岛屿，是南桑威奇群岛的一部分。这是一个禁地——除非你是一只帽带企鹅。扎沃多夫斯基岛拥有世界上最大的企鹅筑巢领地，拥有超过130万对企鹅。许多企鹅来到扎沃多夫斯基岛这样的岛屿是因为在这里它们可以避开陆地捕食者。即使如此，企鹅也要留意大海燕，它们总是在空中盘旋，寻找没有企鹅看守的蛋或幼雏。扎沃多夫斯基岛的海岸线也受到海浪的蹂躏，企鹅在试图登陆或回海的时候被拍打得像落汤鸡一样。砾石斜坡上还冒出来自岛上火山中心的硫黄烟雾，但是在大部分情况下，风力足够强，能将烟雾吹走。

一对帽带企鹅在一个固定的地点繁殖，每年11月它们一个接一个地返回同一个地方——大多数保持同一伴侣。一对企鹅会轮流出海捕鱼并且回哺给它们的两只幼雏，因为必须留一只企鹅看守以防御来掠夺的贼鸥。成千上万只企鹅的喧闹声会让人类迷失方向，但是像其他在领地筑巢的海鸟一样，帽带企鹅能够在喧嚣之中分辨出它们的伴侣和幼雏的呼唤。

对于帽带企鹅来说，正是周围海洋中丰富的食物让这个看似地狱的地方变成了一个真正的天堂。最重要的是，无论是在岛上还是在地球上的任何其他地方，理想的生活就是能拥有生存和繁衍所需要的一切。既然每年有超过100万对企鹅迁移到扎沃多夫斯基岛繁殖，这个海岛一定是天堂。

◀ **登陆之浪。** 数百只帽带企鹅对抗着55.6千米每小时的强风，尝试在一块又小又陡峭的裸露沙滩上登陆。它们必须乘上即将到来的海浪并且疯狂地爬上海岸。这很危险：复杂的海流将很多企鹅困在了岩石之中，非死即伤。

▶ **（第210~211页）火山美景。** 在繁殖季节来临之前幼雏还没有被孵化出来的时候，扎沃多夫斯基岛北部帽带企鹅领地的景色。

第 6 章
城 市

城市永不停歇。在这里，自然的日夜循环被打破，城市居民们住在一个 24×7 的全天候环境中。如今，世界上的人口有一多半——将近 40 亿人口——居住在城镇中。到 21 世纪末，居住在城镇的人口将会比今天更多——大约会有 90 亿人。

地球上最古老的城市，其历史仅仅和一部分树木的年龄一样长，大约 200 年前，只有 1/30 的人口居住在城镇地区。所以你能料想到野生动物们——这些被几万年甚至几百万年的进化历程所支配的生命——要适应城市生活将会非常艰难。但世界各地的城市总在为那些找到各种适应方法的物种和个体提供食物、水源、庇护所和养育后代的地方，以及数不尽的生存机会。

城市环境不断变化，为生物们带来了新的危险，也有新的机遇，其中的关键是要改变自身习性和行为以适应新的环境。从在人造盒子中筑巢的林鸟，到筑起过冬巢穴的猫头鹰；从成了垃圾清道夫的鬣狗，到徘徊街头狩猎的猎豹，许多生物都在用各种各样的方式适应城市生活。

从生物的角度来看，城市的一个重要特性就是其多样性。城市为它们提供了各式各样的迷你栖息地，大体分为两种。第一种被生物学家们称为"胶囊郊野"：一小片树林，以及草地、湖泊和河流，或是零星的绿地或荒

◀ （第 212~213 页）城市中的"大猫"。印度孟买市，一只猎豹正在一口位于高地上的井边喝水，孟买是世界上人口最密集的城市之一。当人们熟睡时，这些栖息在城市公园中的猎豹就会潜入街道中捕猎猪、狗和其他流浪动物。

◀ 新加坡的超级树。这些超级树是人类设计用以收集雨水的，建筑上挂满了产自本地的植物，装载了太阳能电池板，这些 50 米高的建筑在夜晚会点亮灯光。它们是新加坡为市中心引入绿地和绿色建筑的计划之一。

野，这些都是在人类大批出现并开垦土地之前就存在的；另一种栖息地包括了所有的新型栖息地，例如公园、花园、墓地、垃圾站、运河河岸和路肩。我们并不是特意为野生生物创造了这些栖息地，然而它们通常非常适合野生植物和动物在此安家。

这些片块状、多种多样的栖息地——自然形成的、半自然的和完全人造的——令全球的城市成了你能想象到的任何一种植物和动物的家园。在这里，你可以找到大型或小型的哺乳动物、海洋生物、鸟类和昆虫、爬虫类和两栖动物、野生花卉、各种草类和树木，以及很多其他的小型生物，有时候城市中的动植物密度远远超过了野生环境。

当然，在城市丛林中的生活对野生物种来说并不都是一帆风顺的。首先，它们得应对人类的活动。如果它们无法应对，就只能死去。但对于那些拥有足够的技巧、韧劲儿和生存能力的物种来说，城市的回报是丰厚的。所以关键还是要适应城市生活。

神圣的灵长类动物

很少有野生动物能够像印度灰叶猴（又称哈奴曼叶猴）那样对城市环境适应得如此成功，它们是亚洲体形最大的猴子之一。根据传说，这种猴子的别称哈奴曼叶猴得名于一位猴神，它带领着一支猴子军队，帮助罗摩神从恶魔之王手中救回了自己的妻子悉多——这是一场正义与邪恶的战斗。这位猴神在印度教文化中扮演着独特的角色，而哈奴曼叶猴黑色的手掌和脸庞也被认为是哈奴曼在英雄之战中被烧伤的标志。

你根本想象不到这种动物会在城市中心繁衍生息。实际上，在印度生活的大约 30 万只叶猴中，大部分都栖息在热带落叶林中，一生的大半时间都待在树上。它们非常适应树上的生活方式，能够跳过间距 5 米的树枝或从 12 米高的大树上一跃而下。

然而在印度西北部的焦特布尔市，一群哈奴曼叶猴过着与众不同的生活。这些城市叶猴族群都由一只领头的雄猴带领，将城市的大楼和建筑当成了树木和岩石，在墙壁和屋顶之间跳跃。但它们不再以自然界的植物为

▶ **叶猴式跑酷。**一只雌猴带着孩子跳跃过相距甚远的两个屋顶，它的尾巴卷起以保持平衡。焦特布尔市的这些叶猴经常高速助跑着完成壮观的一跃。人们将给猴子的食物放在屋顶上，因此这个城市中的某些叶猴族群几乎从不下地。在夜间它们会睡在树上。

◀ **猴子幼儿园。**一群年幼的哈奴曼叶猴在一个安全的庭院中玩耍，练习跳跃。焦特布尔这座被漆成蓝色的城市，为它们提供了许多这样远离天敌的玩耍场所。

▶ **盛宴之日。**星期二是哈奴曼日，焦特布尔市中印度教庙宇里的信徒们为哈奴曼叶猴摆出了额外的食物。人们还会定期在屋顶为它们提供食物，通常是在他们自己做饭的时候，所以这里起码有一个叶猴族群已经适应了人类一日三餐的进餐时间。

食，而是依赖于人类提供的食物。

　　一只头领雄猴在城市丛林中生存得十分不易，因为很多年轻雄猴结成的猴群在附近徘徊，试图寻找机会推翻它的统治。和野生环境下的猴群头领一样，它的任期很少能超过两年半。然而，虽然城市生活压力更大，它们却可以繁衍更多的后代，这是由于雌猴从城市生活中受益良多。

　　这里的雌猴在3岁半左右就可以开始交配，这要比野生的叶猴提前了3年多的时间，而且此后它们每年都能够产崽，而大部分的野生叶猴需要间隔18~24个月才能产一胎。这得益于城市中生活的族群中的其他雌猴能够帮叶猴妈妈照顾幼崽。一只成年的雌猴可以活将近35年，在一生中它和它的后代可以养大好几代叶猴——几乎比它在野外生活中多养育了一倍的叶猴。而且在这个经常发生旱灾的国度中，焦特布尔市还为其提供了足够的水源。

　　哈奴曼叶猴之所以能够繁衍得如此成功，主要是因为食物非常容易获取。它们大多得益于城市居民，绝大部分食物都来自于人类。它们不需要乞讨或偷窃，人们不仅允许它们存在，甚至鼓励它们出现。人们将食物放在屋外供它们食用，将自己的野餐分享给它们，允许它们在自家的花园中进食，这些都是为了纪念哈奴曼。人们爱戴叶猴，在神龛中摆放食物供它

们取用；在印度教的庙宇里，每天喂食猴子是一项延续下来的悠久传统，特别是在星期二。如果有一只叶猴在星期二这个神圣的日子死去，人们还会为它举办葬礼。

与其他圣兽相比，如游荡在印度许多街道上的牛一样，哈奴曼叶猴也受到法律保护，不得捕杀。极少有这样的国家，动物可以得到优待，并且与共同生活的人类一样受到同等待遇。

清道夫族群

说起大型暴力的动物，很少有人会容忍它们在自己身边栖息，它们中的大部分都遭到过人类的捕杀，就像人类害怕它们一样，它们也害怕人类。那么为什么斑鬣狗——非洲最强大的捕食者之一，会进入埃塞俄比亚的古

▲ **族群对峙。** 在哈勒尔的郊区，一群鬣狗颈毛倒竖，嘶吼着对峙，它们凶狠地瞪着另一群鬣狗的所在之处。它们在一条看不见的界线两边对峙着，这条界线可能是由气味"画"下的。这里有 3 个鬣狗族群，夜晚，当进入城市时，它们会和平相处，似乎是建立起了一种统治制度，几乎不会发生冲突。

城哈勒尔觅食呢？

哈勒尔位于高原上，在人口聚居区，蜿蜒狭窄的街道犹如迷宫，泥土建造的房子周围建有高高的石墙。这座没有汽车的城市有着400多年的历史，有一群可怕的捕食者在此繁衍生息。在炎热的白天，鬣狗通常在城墙外的窝里睡觉，但当夜幕降临，它们就朝着哈勒尔进发，从古老城墙上特制的鬣狗通道进入城市中心。

它们是来觅食的，特别是找寻屠夫摆出来的骨头。它们能用强力的下颌咬碎骨头，为城市提供"打扫服务"。但真正特殊的是鬣狗们和这里的人们的关系。

在非洲的其他地方，鬣狗会袭击家畜，有时候还会袭击小孩子。但在这里，它们从不会杀死动物或伤害人类。它们仿佛和这里的人们有着某种

◀ 鬣狗通道。一只鬣狗钻过了哈勒尔城墙上的鬣狗通道。数百年前，人们就在城墙上打通了这些通道，足够让鬣狗通过，但围城的军队则无法通行。

▶ 表演时间。为了证明自己与鬣狗的亲密关系，尤瑟夫用他的嘴给威利二世喂肉。他是喂养鬣狗家族的第五代传人，熟知在他家附近栖息的鬣狗族群中的每一只鬣狗的名字，为它们提供肉铺里的碎肉和鞣革厂的边角料。虽然威利二世地位并不高（雌性才是族群领袖），但它胆子很大，经常要求第一个进食。

▶（第224~225页）它们去了肉铺。在去往哈勒尔古城中心的路上，鬣狗小心翼翼地绕过警察局里养的猛犬。这些鬣狗并不害怕人类，而人类也并不在意它们。屠夫们将骨头和碎肉扔在肉铺外面，让鬣狗清扫干净——这一习俗已经延续了几百年。

协议，而这种协议已经"签订"并实施了数百年。在这座城市里，有一个家族已经有超过六代人持续喂食它们，与它们建立起了紧密的联系，他们甚至可以用嘴对嘴的方式喂食鬣狗；他们还能认出每一只鬣狗，并给它们起了名字。

通过帮助3个族群的鬣狗定期进入城市觅食，人们确保了自己能够免遭其他族群或者落单的鬣狗袭击。这几个族群基本能够和平共处，因为它们之间针对主导权的对峙大多发生在特定的见面地点，而不是在领地边界。虽然这些对峙看上去很吓人，但几乎没有鬣狗会受伤，因为这样的对峙已经被程式化了。这也许就能解释，为什么在城市里时，这些鬣狗通常都能够容忍对方——它们已经建立起了相处机制，通过气味和样貌互相区分。此外，在城墙之内，由于地上没有草，街道也鳞次栉比，边界划定可能就没那么有效了。

鬣狗为这里信仰虔诚的人们提供的另一项服务是吞噬邪恶的鬼魂——恶灵。在非洲的其他地方，鬣狗标志性的叫声使人们联想到了恐惧和巫术；但在这里，这被认为是防范恶灵的方法，所以人们很欢迎这种叫声——就像他们也很欢迎鬣狗一样。

◀ **入室盗窃**。一只浣熊想要撬开一栋空置房子的一扇窗。美国的一项研究显示，在城市中栖息的浣熊解决问题的速度比在郊区栖息的快，这可能是因为适应能力更强的浣熊才能够在城市环境中生存。

▶ **一双"巧手"**。一只在白天学会了如何从开放的鸡棚里偷蛋的浣熊，在晚上想要用自己灵巧的爪子掏出一个鸡蛋来。

掠夺者

你可能很难想象生活在欧洲和北美洲城市中的人们会对动物相当宽容，尤其是思及我们对于贼鸥或翻垃圾的浣熊的态度，而这并没有阻止这些聪明的动物继续在城市中栖息。在北美洲的一些城市中，浣熊已经学会了用自己灵巧的双爪开门或挤过非常狭窄的缝隙。

对任何动物来说，它们第一次探索城市环境的尝试都是最困难的。所以当小浣熊离开了安全的巢穴后，浣熊妈妈会带领它们穿过城市，教会它们必需的生存技能。浣熊和鬣狗一样，都必须低调行事，通常都趁着夜色掩护寻找食物。它们永不知足的好奇心让它们能够在被我们浪费或丢弃掉的垃圾中找到许多食物，但也可能让它们陷入困境。浣熊是著名的淘气鬼，经常会跑到你想不到的地方去。但也许正是通过解决城市生活给它们带来的诸多难题，这些聪明的动物变得更加聪明了。浣熊们如此成功的另一个原因，也是其他中型哺乳动物，例如狐狸，成功适应城市的原因之一，即它们的体形恰好适合在城市中繁衍。体形更大的捕食者，例如大型猫科动

物，很少能够在城市中找到足够的食物，大部分在有机会安顿下来之前，就会被人类杀死或赶出城市。但类似狐狸和浣熊这样的中型动物恰好能够充分利用人类的城市设施。

在地球的另一边，另一种城市动物要比浣熊和狐狸都更加大胆。在印度北部的城市斋普尔，350万人不得不与最狡猾的动物之一做斗争，它们就是恒河猴。它们的每一个族群有几十只猴子。和哈奴曼叶猴一样，由于和印

▲ **市场掠夺者。**一个超大恒河猴族群中的一部分退回到安全的屋顶，大嚼它们从市场里偷来的食物。当它们成群结队地去偷窃食物时，人们几乎无法阻止。

度教中的猴神哈奴曼有关系，恒河猴经常能够在庙宇或其他圣地自由出没。

但和哈奴曼叶猴不同的是，恒河猴真的是"捣蛋分子"，这主要是因为它们胆大妄为，包括偷窃食物，特别是会从城市市场的露天摊位上偷窃；以及闯入民居。令人惊讶的是，即使这样，它们依旧受人尊崇，哪怕是在印度较发达的地区也一样。在印度德里，据推测，恒河猴的数量有几十万只。这些好奇心极强的猴子们闯入那些不该闯入的地方，导致了很多伤害和不便。

由于恒河猴将电线当作树枝使用，它们经常令自己或人类邻居陷入危险。在这个大城市中，人们对于这种爱捣乱的动物的容忍达到了一个令人惊叹的高度，人们允许它们分享很多城市设施——远比那些高高在上的叶猴更多。应对这些会捣乱的、耳聪目明的动物的办法，包括播放响亮的声音、利用叶猴来吓阻体形较小的恒河猴，甚至是强制绝育。但尽管有冲突，德里的居民依旧容忍着这些神圣动物的存在，没有驱逐它们，而是将它们当作有权留在城市里的邻居。

▲ **城市偷住者。** 两只恒河猴从它们家中的窗户俯瞰下方的情形。在这里居住的人类已经搬走了，现在恒河猴族群在这所房子中睡午觉以及过夜。

▶ **嬉戏玩耍的恒河猴。** 年幼的恒河猴在开心地打架，以此来学习成年猴子的社交技巧。

偏爱红色玩具的"小偷"

　　生活在澳大利亚北部的园丁鸟对于城市的兴趣可以说来自于其栖身之所的内部装饰需求。实际上，它们把大部分的时间都拿来发挥创意了。它们拥有各种各样的栖息地，从红树林沼泽到热带雨林，但和生活在澳大利亚的很多其他鸟类一样，它们也学会了如何与人类共同生活——特别是在昆士兰州的汤斯维尔市。

　　这种鸽子大小的园丁鸟的雄鸟会建造一个精雕细琢的"凉亭"——有一条用弯曲树枝构成、长约1米的通道，通道尽头是一个小"亭子"，它在那里为任何有兴趣在通道上驻足观看的雌鸟表演。为了让自己更加有魅力，能够引诱雌鸟来与自己交配，它会将这个亭子精心装饰一番。它用的装饰物乍一看似乎是一堆随便堆起来的垃圾，但实际上却是经过精挑细选、配色和谐、用来吸引未来配偶的"艺术品"。

　　不同的雄鸟对装饰物的颜色都有不同的偏好，很多都喜欢较罕见的颜色，尤其是红色。以它们的审美偏好，雄鸟会找来深红色的果子和猩红色的花朵，但在城市中它们可以找到更好的东西。因此，汤斯维尔市的孩子们都知道不要把任何红色的小玩具留在花园的草坪上。

　　但如果一只雄鸟能找到一个红色玩具，它不会只把玩具叼回家随便扔在什么地方。它会花几小时一丝不苟地调整小亭子里东西的位置来改进视觉效果，用自己的勤奋感动雌鸟。它甚至会按照尺寸的大小——从小到大——排列装饰物，造成一种称为"强行透视"的视觉错觉，这也许是为了让自己看上去更高大，但肯定也能让这些装饰更加吸睛。

　　如果雄鸟的装潢技巧能够得到雌鸟的认可，雌鸟就会与之交配然后离开；雄鸟完全不参与抚养后代。雌鸟会包揽下所有建巢、孵蛋和照顾雏鸟的工作，而雄鸟则继续维护改善自己的小亭子。

▶ **拾荒的艺术。** 一只雄性园丁鸟将一只红色的玩具挪到了它小亭子的外围，远离排好的白色物件。它喜欢把红色的东西放在那里，它知道这对雌鸟特别有吸引力。在澳大利亚的汤斯维尔市，园丁鸟最喜欢塑料制品，这可能是因为塑料制品不会腐烂，可以一年年重复使用。

园丁鸟可以活将近 30 年——寿命比任何其他的鸣禽都要长。通过长年的经验积累，年长的雄鸟会掌握更聪明的策略。它们不再到处寻找适合自己亭子色调的饰物，而是查看附近年轻雄鸟的亭子，偷走自己喜欢的东西。通常来说，这办法很不错；雌鸟一般会更加青睐年长的雄鸟，可能就是因为后者知道在求偶过程中到底应该怎么做。

然而有时风水会轮流转，一只常住某处的雄鸟会将一只接近自己亭子的年轻雄鸟误认成潜在的配偶（年轻雄鸟的羽毛颜色与雌鸟相似）。正当它全神贯注地跳起自己精心编排的求偶舞蹈时，年轻的雄鸟便偷走它最心爱的一个装饰物并带回自己的亭子里。

向城市大迁徙

获取食物和交配是任何一种野生动物的生命中最重要的两件事情，第三件就是确保安全。特别是对于小型鸟类来说，要生存，就要在大部队中寻求安全。

成群结队地栖息有几个好处。首先，捕食者更难捕捉某一只个体；其次，在寒冷的天气里，挤在一起能帮助每一只鸟保持温暖，比落单要好；最后，成群结队地栖息能够让鸟儿们更容易找到第二天的食物，只要跟着最强壮、最健康的个体飞去它们进食的地方就好。

并非所有的鸟类都会在夜间停留休息，诸如猫头鹰这样的夜行物种在白天会寻找安静的地方休息，避免被不请自来的鸣禽围攻。单只猫头鹰比一群猫头鹰更容易被围攻，这也正是为什么在塞尔维亚北部的基金达镇，每年冬天都有几百只长耳鸮聚集在一起栖息。

它们本可以在城镇周围的农村栖息，但进入城市有很多好处。人类的存在能够吓阻捕食者，而且乡镇或城市的温度比周围的郊区常年要高几摄氏度。这是因为建筑物会起到储热器的作用，吸收太阳的热量并在夜里释放出来，车辆的尾气排放也会令气温升高。这就是所谓的"热岛效应"，这对城市中的野生动物会产生巨大的影响，当郊外的气温对植物和动物来说太低的时候，城市让它们能够安全过冬。但在基金达栖息的猫头鹰却是

最近才出现的，它们只在这里栖息了15年。肯定是第一批猫头鹰吸引来了同类，如今有超过700只长耳鸮栖息在这个小镇的广场上——这是迄今为止这个物种在全球范围内最大规模的聚集活动。它们非常显眼，于是成了吸引游客的卖点，也成了当地人的骄傲。

此地西南方大约1000千米，在意大利的首都罗马，有一群聚集鸟类的

▲ **罗马的冬季朝圣者。** 在 12 月的一个夜晚，一个巨大的椋鸟群降落在罗马市中心，有几百万只。它们大部分是从北欧迁徙而来的，在冬天，城市的夜晚更加温暖且远离捕食者。

数量更加多，有几百万只。当地人对于这么一大群椋鸟在冬夜的城市上空辗转翻腾并不太欢迎。和猫头鹰一样，椋鸟必须进入城市才能获得温暖和安全。

在大量椋鸟栖息的英国，例如在布莱顿、阿伯里斯特威斯码头或在萨默塞特郡，它们已成为旅游景观。但在罗马，游客们有比椋鸟群更多的景点可以参观，这就令大家对于椋鸟栖息的态度大多是负面的：不仅仅是因为这些扑腾个不停的鸟儿在城市的建筑和汽车上留下了成千上万坨白色的鸟屎，让人们不得不每天清理这些污渍，更重要的是，在它们夜间栖息的树下，那叫声简直震耳欲聋。

然而有一种动物非常欢迎椋鸟们的到来。游隼是世界上飞行速度最快的鸟类，在捕猎俯冲时其飞行速度能够达到 322 千米每小时。在罗马，它们能畅快享用椋鸟这种丰盛且可靠的食物。但由于可以选择的目标太多，游隼的捕猎成功率比它们追捕单个目标时要低 25%。即便如此，游隼依旧不断尝试，也许是因为椋鸟出现在它们面前使它们受到了某种刺激。游隼艰难地做出选择，有时候只能空手而归。

从城市的悬崖上捕猎

越过大西洋来到纽约，游隼在这儿的日子要好过得多。实际上它们在这儿过得非常滋润，部分原因是它们和大部分在城市生活的野生动物不同，它们几乎不需要去适应城市生活。

从某种程度上来说，游隼是捕猎专家，它们在空中追捕的过程中捕杀猎物，它们向着看中的目标急速俯冲，然后用极其锋利的爪子抓住猎物。它们又是通吃型的捕食者，能够捕杀几乎任何小型或中型的鸟类。所以只要附近有鸟类，游隼就不缺口粮。而由于我们人类喜欢在花园里（在北美洲是在后院里）喂鸟，城市中的鸟类多得数不胜数。

抓到猎物之后，游隼会把它带回附近的落脚地，在那里撕碎猎物，然后自己吃掉或者带回家喂给雏鸟，它们的巢穴一般都在附近摩天大厦的楼顶。

如此一来，与本章中涉及的大部分动物不同，它们几乎不需要改变自己的自然习性。它们筑巢的高楼大厦就像是高山悬崖上的峭壁，它们捕猎的地方就是其他鸟类飞行的地方，它们的猎物也是它们一直以来的食物：鸟。尽管大部分城市中的野生动物都要经历从原野到城市的艰难转变，但对于像游隼这样的幸运儿来说，城市中的楼宇环境几乎就是它自古以来栖息环境的翻版，这就是科学家们所谓的"模拟栖息地"。

50 年前游隼的处境完全不同，北半球的其他很多种鸟类的处境也同样糟糕。诸如 DDT 之类的化学杀虫剂在农业中的广泛使用令游隼的蛋壳变薄，大幅降低了游隼繁衍的成功率，使其数量骤降。在短时间内，问题的原因被找到，化学杀虫剂被禁用，游隼的数量开始增加，当然也多亏了美国纽约州重新引进了野生动物。

1983 年，两对由人类抚育并重新引进的游隼出人意料地出现在了纽约市中心，它们很喜欢这里，并开始在此繁衍后代。自那时起，游隼开始入住到大西洋两岸的许多城市中，现在它们通常在北美洲和欧洲的很多城市的高楼上筑巢。在纽约市，单位面积内的游隼数量比世界其他地方的都要多。

但鸟类中将自然习性转变为城市生活方式最成功的例子是鸽子，部分是因为它们已经伴随我们人类生活了很久：原鸽，世界各地所有城市鸽类的祖先，在起码 10 000~5 000 年前就被驯化了。

鸽子的成功揭示了一个令人惊奇的现象：由于它们在城市环境中过得非常舒适，有唾手可得的食物，只要在没有游隼的地方，就几乎没有天敌和竞争者，现在它们的进化正逐渐变为开始"退化"。一般来说，虚弱或生病的鸽子会死去，并从基因池中消失。但在很多城市中，它们依旧能找到食物、生存下去并繁衍后代，由此将它们的劣质基因遗传给了下一代。

▶ **高楼景观**。一只游隼从它在纽约市高楼上的栖息地起飞，这样的高度给了它完美的视野，用以捕猎它最爱的猎物：鸽子。由于这座城市处于大西洋鸟类迁徙路径的中枢位置，游隼能够从中选择任何一种体形适中的迁徙鸟类。由于拥有优良的捕猎环境和能够在"崖顶"筑巢，在这里筑巢的游隼的密度是全世界最大的。

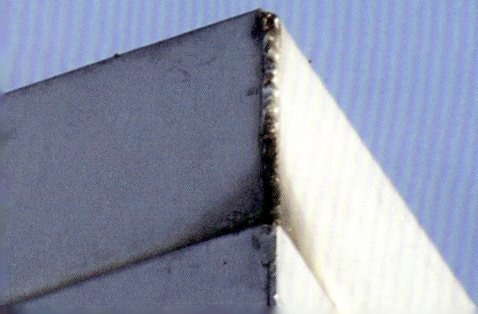

抓鸟的鲇鱼

在法国西南部城市阿勒比的一段河流中，栖息着一种被引进的鲇鱼——目前欧洲体形最大的淡水鱼——它们学会了捕猎野鸽。这里是禁渔区，所以这里的鲇鱼长得非常大，可以冲上河岸并一口咬住鸽子，但身长超过 2 米的鲇鱼在出击时有搁浅的风险。而鸽子们也知道鲇鱼在水中窥视，在这段河岸边上喝水时会非常警惕。然而当它们开始洗澡时，似乎就把危险抛诸脑后了。它们溅起的水花和羽毛上的油脂会引来鲇鱼。

1. 窥视。 一条中等体形的鲇鱼在城市河流的岸边窥视着鸽子们，它来自于一群学会了如何捕杀鸽子的鲇鱼（能够从斑点的图案辨认出来）。

2. **快速反应。**鲇鱼使用自己的触须感知到了正在洗澡的鸽子，它猛冲出去却失手了，没能用巨大的嘴把鸽子一口吞下。

3. **尝试逃脱。**虽然鸽子飞了起来，但是鲇鱼咬住了它的一条腿。

4. **慢了一步。**鸽子被拖进水里，然后被一口吞下。

许多个"月亮"

从 5 000 多年前城市雏形出现开始，直到电出现之前，人工照明的工具只有火。随后在 19 世纪 70 年代，由于白炽灯泡的发明，一切发生了翻天覆地的变化。一个多世纪之后，世界沧海桑田。全世界的很多地方现在每天 24 小时都灯火通明，甚至许多城市从外太空都能被看到。因此，光

▲ **上海夜景。**中国上海市中心夜晚的灯光——著名的夜景，甚至在太空中都看得到。靠近海边的城市的灯光可能会将沿着海岸迁徙的鸟类引入死亡的陷阱。迁徙的水鸟还会受到沿海湿地开发项目的影响。

污染成了一个严重问题——不仅仅是对人类，对野生动物来说亦是如此。

当飞蛾振翅而飞时，它们利用月光来导航：只要它们令自己的身体与月光的角度保持一致，它们就能朝着自己想去的方向直线飞行。但当亮光离它们只有几米远时，一切都错乱了。如果飞蛾继续保持与亮光平行的路线飞行，它们最终会开始转弯，离光源越来越近，直到撞上光源。自然学家利用这一点，用光谱和月光相似的汞蒸气灯泡将飞蛾引入一个陷阱。但人类并不是唯一一种会聪明地利用人工光源当诱饵的生物，蝙蝠们聚集在街灯周围，它们知道那里聚集着很多飞蛾。蜘蛛会专门在街灯附近织网——同样的，因为这么做能够提升它们成功捕获昆虫的概率。

壁虎也会在室内的台灯边捕捉飞虫，利用它们在垂直墙壁和天花板上爬行的能力捕捉猎物。壁虎的爪子进化出了黏性，令它们能够抓住热带植物滑溜的叶子，而城市中的壁虎可以同样不费吹灰之力地爬上墙壁或玻璃窗。

在城市，真正的黑暗已经是过去的事了。生态学上的光污染导致了很多意外的结果。欧洲知更鸟这样的鸣禽一般只会在黎明前和黄昏时鸣叫；通常鸣叫都发生在空气静稳的时段，这样能令叫声传播得更远，而且这种时候天光太暗，无法觅食。它们一般都在白天觅食，夜晚睡觉。但在诸如伦敦之类的城市中，整晚亮着的街灯令一些知更鸟误以为太阳马上要升起来了，所以它们开始歌唱，附近的其他种类的雄鸟也跟着叫起来，保证自己不会在领地争夺或求偶上败下阵来。但这种"军备竞赛"令这些在灯火通明的城市中的知更鸟们整晚整晚地鸣叫而不睡觉，这样一来，它们的生物钟就受到了负面影响。

长距离迁徙的鸟类在夜间飞行，它们选择趁着夜色掩护进行迁徙有几个原因：气温更低，这样就不会让它们体温过高；而且这样避开捕食者的概率更大。但夜间迁徙的关键原因是，鸣禽们要利用月球、恒星以及地球的磁场来导航。就像被光亮吸引的飞蛾一样，当鸟儿的迁徙路线经过城市时，它们就会迷失方向，无法再找到迁徙的路。

我们早就知道灯塔会影响迁徙的鸟类，很多鸟儿最后都向着光源飞行，

▶ **因光而死。**一个学生小组正在检查 1 000 多只鸟，共包括 89 种，它们是在过去 3 个月内撞上了加拿大多伦多市中心的高楼大厦后被收集起来的（另外还有 1 000 只捡回一条命，被放生了）。关闭高楼大厦中的灯光能够拯救鸟类、省下电费、减少光污染。

◀ **夜晚灯光的诱惑。** 一只棱皮龟爬上了美国佛罗里达州的朱诺海滩产卵。当幼龟们孵化后，它们会朝着最明亮的远方爬行，而这个最明亮的远方本应该是反射自然月光的海面，但海滨新开发大楼的灯光将幼龟们引入歧途，迷路的幼龟们可能会被车碾死或被捕食者捕杀。

▶ **飞蛾的陷阱。** 在中国香港，一只大壁虎趴在街灯上，而街灯是一种理想的捕蛾诱饵。有些种类的蝙蝠也会将街灯作为自己的进食区，这也让它们很容易在夜晚被猫头鹰、在白天被其他猛禽捕食。

在到达目的地之前就被冻死。但最近的证据显示，每年的春天和秋天都会有几百万只小型鸟类一头撞上城市中灯火通明的大楼，然后丧命于此。在北美洲，城市管理者们正在研究降低光污染、节约能源和金钱，同时有助于防止飞鸟因误撞城市中灯火通明的建筑而死亡的方案。

过多的灯光对野生动物的另一种影响是在更加小的范围内发生的：在水体附近的光污染会阻止浮游生物进食藻类，这会令藻类呈爆发式生长，导致水体中的生物缺氧。光污染甚至还影响着在我们眼中不是城市的地方，例如巴巴多斯的海滩。

海龟到巴巴多斯岛产卵的现象已经持续了数千年，但如今度假村的灯光将刚孵化的幼龟们引入了歧途。在孵化时，它们需要尽可能快地朝着海水前进，这样才能避免被海鸥之类的捕食者抓住。它们进化出了朝着最明亮的远方——反射着月光的海水——前进的本能。但如今最明亮的光线来自于酒店和餐馆，这令幼龟们前行的路线南辕北辙。红蟹们聚集在街灯下，在幼龟们到达大海之前就抓住了它们。对这些眼睁睁地看着城市化吞噬了自己曾经原始的自然孵化地的海龟们来说，它们的未来非常黯淡，不过幸好有自然保护者帮助它们到达大海。

大型猫科动物和快餐

　　城市灯光的规模在过去几十年中飞速地增长，因为发展中国家有越来越多的地方进行了城市化建设。虽然这对大部分动物来说是个坏消息，但有些夜行捕食者将潜行能力发挥到了一个新高度，能在城市的街道上找到自己的快餐。

　　印度城市孟买的街道上熙熙攘攘挤满了人——孟买是印度人口最多的城市——人们习惯了成群的野狗与自己分享这座城市。但这里还有更加危险的动物潜伏在黑暗中：猎豹。

　　猎豹是独行侠，它们小心翼翼、偷偷摸摸地跟踪猎物，利用夜晚的掩

▲ **城市小豹**。猎豹幼崽正在孟买的桑贾伊·甘地国家公园中的一口井边喝水，猎豹妈妈喂给它们的食物中有一部分是以城市垃圾为生的流浪动物。

▶（第 250~251 页）市郊潜行者。一只孟买的猎豹正走在自己惯常的夜间巡逻路线上，附近公寓中的住户完全没注意到它。他们的公寓楼侵占了猎豹生活的国家公园的边缘，但猎豹已经适应了，它们开始捕猎狗、山羊、猪，以及人类养的其他动物。

护，通常会在仅仅一两米之外暴起袭击。在城市中捕猎时，猎豹会躲在阴影里跟踪不自知的猎物。野狗占据了它们菜单的 1/4（在孟买有很多野狗），山羊和小猪崽也上了它们的餐盘，但如果成年猪发现了猎豹并发出警告叫声，猎豹的这一场捕猎行动基本就失败了，因为猪在面对捕食者时非常有斗争意识。城市猎豹仅在非常偶然的情况下才会攻击人类，通常是那些住在城市公园边缘、露宿街头或外出解手的人。但在通常情况下，人群及其制造的噪声能保护大部分的城市中人。到了黎明时分，孟买的猎豹会回到城区附近的国家公园，它们只会在夜间重新回来。

孟买的猎豹

　　一旦夜幕降临，孟买的猎豹就开始了觅食活动。它们觅食的核心地段是城市中央的大规模公园，但由于人类的建筑不断侵占公园的土地，猎豹们学会了在城市中讨生活。它们主要捕猎猪、山羊和流浪狗，但它们都是机会主义者，还会捕捉鸡，在偶遇露宿街头或外出解手的人类时也会发起攻击。但在孟买，被人谋杀的人的数量要比被猎豹咬死的多得多。在大部分情况下，人们都不知道猎豹就在他们的家门口徘徊。

1. **潜行。**这张热成像照片显示，一只猎豹距离孟买城市公园中违法建造的公寓楼很近，它正在沿着固定的路线觅食，它知道沿路可能会有野猪。

2. 攻击。 为时已晚，睡着的母猪只听到了自己的一只小猪的尖叫声，它惊醒后徒劳地追赶着猎豹，想要逼它扔下自己的孩子。

3. 安全撤退。 一道高墙就像是自然环境中的树枝，令猎豹摆脱了墙下愤怒的母猪，使它有机会咬死猎物。

4. 小猪点心。 猎豹叼着猎物离开，要找一个安静的地方吃掉猎物。几个晚上之后，这只母猪的所有小猪都葬身于豹口。猎豹可能是利用贫民窟中的派对噪声帮助自己潜行接近猎物的。

绿色城市

在世界各地，城市都在不断扩张，占领越来越多的郊野地区。虽然人类急需在城市地区建造楼宇，但也需要绿色的空间，让自己能放松心情，甚至回忆起自己曾经在郊区的家。许多这样的绿色空间——公园、花园和其他城市绿洲——都被使用者严密保护着，其结果是这些地方成了野生动物的天堂。如今，人们甚至还在探索更新颖的方式，让城市更适合人类和野生动物生活，其中就包括绿色屋顶，即把草皮和植物安置在楼顶上。目前，绿色屋顶越来越受到人们的重视，因为它们能给环境带来很多好处，例如保护水体和节约能源，还有就是因为它们能吸引来野生动物。

在意大利北部城市米兰的市中心，建筑师和环境保护者们采用了一种更加富有想象力的方式，在城市中满满当当的大楼里挤出了更多的绿色空间——他们在一栋大楼的侧面建造了一片"垂直森林"：700棵树，相当于20 000平方米的树林。

城市国家新加坡的人口更加密集，差不多600万的人口挤在只有怀特岛那么大的地方。由于人们很难离开城市，所以他们开始引进野生生物。目光所及，到处都是绿色的墙壁和从大楼里长出来的树木，这是城市补贴政策的结果，鼓励着人们创造了比他们失去的绿地更大的绿色空间。在东南亚的大企业中，这掀起了一股风潮，新建造的大楼都力争看起来郁郁葱葱的。

新加坡市的绿化规模非常巨大，如今市里的野生动物多样性傲视全球其他任何城市。新加坡市也是3个被评定为生物多样性热点的城市之一。

米兰和新加坡市的例子告诉了我们，只要愿意，我们就能够将多样性的生态系统囊括进我们的城市中。但这仅仅是期望，而非规则。如今有更多的人居住在城市而非郊野环境中，这个比例只会继续增长。我们有能力改变自己的城市，令自己和野生动物都受益，只要我们有志于此。我们拥有控制权，我们能够用自己的聪明才智和想象力，让野生动物进驻城市并适应在此生活，且在与自然和谐共存的生活中，我们也能令自己在生理、心理和精神上获益良多。

▶ **摩天树厦。**意大利米兰市内新门地区两座新改造完成的公寓大楼，显示出混凝土城市能够如何向上改变。这些树木能减少污染，在夏季降低气温，当居民们看到这些绿色植物并与自然产生联系的时候，他们也能在心理上受益。

第 7 章
幕后的故事

《地球脉动》系列纪录片被搬上荧幕的 10 年后，《地球脉动 2》面临的挑战不言而喻。如何才能超越《地球脉动》，或者起码旗鼓相当呢？通过运用新的方法、新的视角，并采用新技术——这是制片人汤姆·休 - 琼斯（Tom Hugh-Jones）的观点，他也参与过《地球脉动》的摄制工作。

从一开始，我们的目标就是给观众身临其境的感觉，这就需要摄像师、剪辑师和编辑共同为观众营造出一种沉浸式的体验，充分利用新设备和电影技术，把观众带到画面中，带到动物身边，而不是通过摄像机的长镜头观察动物。因此，虽然在《地球脉动 2》中并非每一个故事都是新的，但采用的拍摄手法都是首创。

如今，加了稳像仪的相机可有多种使用方式，不仅仅是在移动的交通工具上使用了。它们变得更为紧凑、轻便、可靠，这意味着它们可以手持或在无人机上使用，在移动时，拍摄 4K 的图像（清晰度为通常的高清相机的 2 倍）。

例如在扎沃多夫斯基岛的亚南极区，和在其他拍摄地一样，高清摄像机和广角镜头被架在一个特殊的稳定装置上，这样不管设备如何倾斜，都可以拍摄稳定的图像。因此，镜头可以带着我们从低角度掠过广袤的帽带企鹅栖息地——地球上最大的企鹅群居地。"这是一个惊人的奇观，"汤姆说，"很少有人见过这种场景，更不用说通过这样的方式亲身经历了。"

◀（第 256~257 页）**捕捉捕食者。**摄像师约翰·希尔（John Shier）在美国怀俄明州的黄石公园一路跟随一只赤狐，由于跟了很久的时间，这只狐狸已经习惯了他的存在。摄像师拍摄到了它捕捉田鼠和老鼠的过程，它一跃而起，一头扎进雪堆中。

◀ **夜视。**当夜幕降临孟买时，戈登·布坎南（Gordon Buchanan）支起了他的相机——一台用红外线记录哺乳动物体温特征的前军用设备。他将再次退回藏身地等待雪豹的出现。他已经连续观察了 28 个夜晚。

本书第 5 章 "岛屿" 中另一个令人难忘的片段是海鬣蜥宝宝被成群的游蛇追逐的场景。这是用安装在手持稳定装置上的广角镜头拍摄的。这个故事——用电影的剪辑手法剪辑到一起，不仅把它们的行为表现得淋漓尽致，还让观众以动物的水平视角观赏到了这些奇异的爬行动物。

当然，你不能给野生动物编排剧本，也无法导演，这就需要用到传统的长镜头来录制它们的各种活动。现在的摄像机可以进行低光录像，这在 10 年前是不可能的，并且镜头也有了变化。现今的微距镜头能拍摄出具有更宽景深的图像，而不会像以前出来的效果——就像在显微镜下的影像一样，拍摄设备也随之缩小，更方便我们近距离拍摄小动物——生活在树林或草丛中的蚂蚁、蝗虫，甚至是巢鼠。由于相机的感光度增加，你可以更加靠近动物，比如拍摄小透明蛙（又称玻璃蛙）时，就用不着足以把青蛙烤焦的大功率灯光了（见第 1 章 "丛林"）。

有些地方需要大范围的全景镜头展现风光地貌，比如在纳米布沙漠中的拍摄，我们要保证动物不会被飞行相机吓到，这时就需要用到无人机。市面上新推出的一款无人机就十分适合用于摄制组的现场拍摄：飞行安全且可靠，电池寿命长，在风中也能稳定运行。

新技术还帮助制作团队拍摄到了雪豹（见第 2 章 "山脉"）。雪豹是为数不多的真正具有代表性的山地动物之一，它们在《地球脉动》中出现过，雪豹的狩猎片段让人难以忘怀，让整个团队都为之忙活。在当地专家的帮助下——这可是任何野生动物纪录片制片人的制胜法宝，再加上运用了最新一代的远程相机，制作团队实现了自己的目标，拍摄到了新的雪豹行为。

这一次的拍摄在风格和内容上都登峰造极，我们的镜头不仅距离目标近，揭示出的雪豹行为也难得一见。在广角镜头的震撼特写下，雪豹擦过相机镜头和它们求偶的亲密细节都被一一记录下来。这全靠远程拍摄技术

▶ **照镜子。**在埃斯库多－德－维拉瓜斯岛，一只侏儒三趾树懒妈妈正凝视着摄像装置，完全没有受到正在穿过红树林爬向它的摄影师的干扰。它注视着在广角镜头中反射出的自己的身影，就好像看着自己的孩子一样。由于没有遇到过捕食者，岛上的树懒完全不惧怕人类。

▲ **试飞。** 无人机小组试验新开发的装置——一种在无人机顶部的 360 度虚拟现实装置上安装的摄像机，它可以在空中进行无死角拍摄。盖伊·亚历山大（Guy Alexander）操控无人机，伊万·唐纳基控制摄像机并聚焦。无人机顶部的装置被用来拍摄一些丛林冠层和峡谷场景。

◀ **双重检查。** 摄影助理路易斯·拉布隆（Louis Labrom）正在检查刚刚拍到的猕猴袭击食品市场的照片，而其中一只猕猴正在无比好奇地凑近观看。

才得以实现，这一技术现在可以拍摄高品质的运动图像；另一原因是有足够多的相机被精心放置在现场，以便捕捉到完整的片段并加以剪辑。

在很多情况下，拍摄对象都是相对不害怕人类的动物。岛上的生物尤其适用这种近距离拍摄的技术。在"城市"一集（内容见第 6 章）中，我们讲述的是关于动物设法与人类共同生存的故事，不管是印度的猕猴，还是纽约的游隼，我们也都采用了近距离拍摄技术。但是拍摄孟买的猎豹依靠的不是近距离拍摄——夜间拍摄不可行，而是利用最新的军用热感摄像头，可以拍摄出高分辨率的画面，这样高品质的画面足以展现完整的故事。

尤其是在"城市"一集中，汤姆说，"我们不仅了解到一些动物适应城市的方式，还觉察到一些人类城市居民对与他们生活在一起的野生动物所表现出的非凡气度"，另外也展现出人类对动物生活的影响。

在位于大西洋的巴巴多斯岛上（如同在海滩上的其他地方一样），刚孵出的海龟被海滩上人类装置的灯光迷惑了方向，它们背朝大海，而不是面朝大海爬去，于是晚上拍到的影片大多记录了小海龟们死在街道排水沟中的画面。

《地球脉动 2》记录了一些令人难以置信的景象，例如驯鹿迁徙。汤姆担心，10 年之后，这些景象可能不会以同样的规模再现，原因是人类的发展破坏了动物的迁徙路径或侵占了它们的避难所，或者是因恶劣天气造成的更大变化。他说："人们需要明白全世界的野生动物处境十分危险。"在《地球脉动 2》的制作过程中，摄制组遇到了许多反常气候造成的意外挑战，其中包括不得不取消或推迟的拍摄（在厄瓜多尔，蜂鸟的拍摄连续三季推迟）。"自然条件不再像拍摄《地球脉动》时那样尽如人意。"汤姆说，"现在气候异常几乎成了常态。"

汤姆希望《地球脉动 2》能吸引更多的观众——届时将会有数以百万计的观众——为世界各地的野生动物奇观而惊叹，他希望观众们对所见景象的感性认识能驱使他们采取进一步的行动，以保护自然并确保其未来。这也就是所谓的"地球脉动"效应。在《地球脉动》播出后，许多观众前往一些拍摄地参观，他们想亲眼看到这些野生动物。负责任的野生动物观光游的组织者起码可以帮助保护一些纪录片所拍摄过的地方及在此生活的动物，比如世界上最大的狐猴——马达加斯加大狐猴，它靠蜘蛛侠一般的长臂穿梭于林中。我们希望观众在看到这一系列纪录片后能受到触动，从而支持有远见的环保主义者——他们正试图再造马达加斯加雨林，或者努力说服社区或政府保护珍贵物种最后的种群和它们赖以生存的家园。

▶ **游隼视角。**约翰·艾奇逊正等待拍摄游隼最终决定飞出鸟巢时鸟瞰视角的画面，此时专家马特·威尔森在守望，制片人弗雷迪·德瓦斯在试机。在他们身后，纽约人正驻足观看。

▶ **（第 266~267 页）观察员。**在马达加斯加东部的社区阿纳拉玛扎森林保护区中，一只好奇的大狐猴正在观察着研究员艾玛·布伦南德举着的摄像设备。这只以大卫·阿滕伯勒爵士名字命名的狐猴早已习惯和人类接触，但艾玛没有料到会有如此的亲密接触，也没料到它对摄像机的兴趣如此浓厚。

捕捉神出鬼没的"大猫"

正如制片人贾斯汀·安德森所说的，要做关于山脉的节目，就只需要拍摄雪豹。他决心不仅要拍摄这些标志性的动物，还要反映它们生活中不为人知的一面。

但雪豹是最难拍摄的传奇动物之一。在《地球脉动》中，资深野生动物摄影师道格·艾伦花了几个星期的时间待在山洞中，等待着这种神出鬼没的动物出现——它们从没出现过。后来，他的同事马克·史密斯成功捕获了单只雪豹的精彩片段，但也是在经过了好几周的努力和折磨之后。

做好充分的准备工作是成功拍摄任何野生动物的关键，而要拍摄雪豹，就更需要做好万全的准备。幸运的是，摄制组在雪豹的各个活动范围内都有消息灵通的联络人，他们可以提供最新的信息。首先传来的是坏消息：在当年《地球脉动》最终拍到雪豹画面的巴基斯坦境内，雪豹已不复存在。在查看完位于蒙古的雪豹活动区域后，摄制组终于挖到了"金矿"：在印度北部地区参观荷米斯国家公园的游客刚刚拍摄到了绝妙的雪豹照片和视频，其中有些甚至是用智能手机拍摄的。

次年春天，贾斯汀与野生动物摄影师马特奥·威利斯（Mateo Willis）和约翰·希尔（John Shier）飞到了该地。此外，还有邓肯·帕克（Duncan Parker），他架设了许多用于捕捉雪豹镜头的远程摄像机；苏·吉普森（Sue Gibson），他负责拍摄摄制组拍摄纪录片的场景。然后他们得到了肯拉波·庞索格（Khenrab Phuntsog）的帮助，他是该公园的野生动物保护人员，他和他的同事们帮了摄制组的大忙。

拍摄过程一开始时十分顺利，最初的 5 天就看到了 9 次雪豹。摄制组成功发现它们的原因之一是他们没有躲在暗处静等雪豹路过，而是派观察员每天黎明时分出动，一旦发现目标就用无线电通知摄影师，这样他们就

▶ **头号明星。**雌性明星雪豹走在它的常规路线上，触发了光束传感器，并被精心安放的摄像机拍摄了下来（见第 2 章"山脉"）。它的路线是由专家们确定的，精准安放的摄像机拍摄到了它直面镜头的画面。

▲ **气味的对话。**一只雄雪豹在嗅闻高处的尿液——这是另一只雄雪豹在雪豹经常走的路线旁边的一块岩石上留下的信息。

◄（上图）**雪豹替身。**摄影助理邓肯·帕克扮演雪豹，摄影师马特奥·威利斯据此调整相机焦距。

◄（下图）**感光问题。**肯拉波·庞索格，摄制组最重要的本地专家之一，正与摄影师约翰·希尔一起架设运动感应相机。拍摄地点遍布白雪和石头，这总是让相机的感光设置成为一个难题。

能赶到相应地点——由于山路崎岖，悬崖陡峭，这项任务并不轻松。

渐渐地，摄制组发现了规律：被他们定位的每只雪豹都会走一条特别的路径，有些路径是交错的。这些雪豹鲜少碰面，它们以"尿液邮件"的形式给对方留下信号和标志，撒在岩石上的尿液传达出它的年龄和性别，以及是否有幼崽伴随左右等信息。

在拍摄雪豹时，海拔始终是个问题，在荷米斯国家公园也不例外：大本营设在海拔3 500米处，而摄制组偶尔不得不冒险攀登至约海拔5 000米，高原反应也会成为大问题。

贾斯汀说，另一个问题是，"虽然我们会看到雪豹，但它们白天基本都在睡觉，不出来活动；然后，当夜幕降临、天黑到难以拍摄的时候，它们就会醒来，开始做非常有趣的事情"。

最终，摄制组连续几天拍到了一只雌雪豹及其幼崽，这都是邓肯的运动感应相机的功劳。超过20台运动感应相机被放置在雪豹活动范围内的重要位置，它们共同描绘了一幅这些看似离群索居的动物复杂的社交生活的画面。贾斯汀说，用于运动感应相机的遥控摄像机质量比以前好得多，也可靠得多，才能让摄影师以完全不同的眼光来拍摄雪豹。虽然这些动物不经常碰头，但它们仍有一个社交网络：它们知道当下有什么事发生，以及周围有哪几只雪豹。

虽然他们追踪的雌雪豹有一只幼崽，但幼崽几乎已经断奶了，所以当雌雪豹遇到新的异性时，准备再次繁殖。起初，雄雪豹与雌雪豹保持着距离，顺着雌雪豹在常规路线上留下的气味标记行进，后来它越走越近。当雌雪豹准备好迎接雄雪豹时，它走到高处，开始歌唱——一种扣人心弦的声音在山间回荡。我们竟然设法用一台运动感应相机捕捉到了这一过程。这只雄雪豹一直被引诱到现在，这是它与这只雌雪豹交配的绝佳机会。

幼崽在这个时候回避了（雄雪豹和其他大型猫科动物一样，有时会攻击和杀死非亲生的后代）。但第二只雄雪豹的到来拦住了这只幼崽的去路。这时小雪豹的母亲和它的配偶也来了，这让摄制组有机会拍到这独一无二的画面。

雌雪豹正面临一大难题：是要保护幼崽还是继续交配？最后都免不了要打一场。打斗过程中，幼崽逃跑了，雌雪豹受了伤。"我们以为这就是故事的结局，"贾斯汀说，"但几个月后，我们又拍到了这只雌雪豹，它状态不错，幼崽还跟在它身后，但是隔了大约10分钟才出现，而不是紧随其后。"

摄制组在第二年春天又回来拍摄，由于地面上没有雪，这些雪豹所在的位置高于平常的海拔，所以拍摄难度相应增大。但因为再次使用了运动感应相机，他们得以拍摄完这个故事。

拍摄动物行为就像是一场赌博，好在他们赌赢了。"当我最后一次去那边拍摄后，飞机起飞回程时，"贾斯汀说，"我望着窗外的喜马拉雅山，觉得我们能和这些美丽的野生动物相遇是多么荣幸。"

▶ **保持联系**。纪录片中的雌雪豹明星正在接受快要独立生活的女儿的问候。在荷米斯国家公园高山上追踪它踪迹的是 3 位观察员，他们用无线电联络通知摄像师，但最终还是运动感应相机捕捉到了它们最亲密的动作。

数十亿位演员

　　"再次向北进入更偏远的马达加斯加寻找蝗虫群，谁知道一个群体即有着数十亿个成员的蝗虫找起来会这么难？"制片人艾德·查尔斯（Ed Charles）在极力追赶地球上最具破坏性的动物之一时，在他的博客上如此写道。

　　蝗虫可能以数十亿计的数量聚集在一起，但它们的出现是不可预测的，即便是个庞大的群体也很难跟踪。所以，艾德和他的同事们请求了联合国粮食及农业组织（FAO）的协助，该组织也需要找出这些四处攫食的昆虫的位置——抢在它们开始到处肆意破坏农作物之前。

　　马达加斯加共和国是世界上最贫穷和最不发达的国家之一，道路通常

▲ **无法起飞**。直升机将摄制组送到了蝗虫群跟前，一旦蝗虫群靠近，直升机要起飞就太过危险了，不过当蝗虫群继续前行时，摄制组还是在高处通过敞开着的直升机舱门拍摄到了它们。

都是泥土路。在任何一场骤雨过后——比如带来蝗虫群的暴雨——道路都无法通行。一次又一次，摄制组发现自己已经非常接近蝗虫，但仍旧无法找到它们。雪上加霜的是，摄制组中的大多数人都染上痢疾病倒了；在这个偏远的地区，还有武装匪徒这种实实在在的危险。最后，接近蝗虫群的唯一方法就是包一架直升机。

蝗虫群成了他们目睹的最壮观的景象之一。"让我印象最深刻的是声音，"艾德说，"我能近距离听到每只蝗虫擦过彼此时拍打翅膀发出的金属般的咔嗒声，除此之外是巨大的声响——濒于听觉边缘的轰鸣声，这是它们在席卷大地时，数十亿对翅膀一起拍打，产生大量气流所发出的声响。"

虽然艾德很清楚蝗虫的潜在破坏力，但他被遮天蔽日的蝗虫群的神奇之美所打动。"这一场面几乎把我给催眠了,我仿佛听不见巨大的嘈杂声——轻柔的轰鸣声和抽象的图案结合在一起——一种令人难以置信的宁静体验。"他和摄制组的其他成员都敬畏地站着,"几乎忘了我们应该上飞机拍点镜头"。摄影师罗布·德拉维特将这个蝗虫群描述为"一个闪闪发光的银色生物体"。

为了捕捉蝗虫群的全景,摄影师贾斯汀·马奎尔(Justin Maguire)坐直升机飞到上空。从远处看,蝗虫"如同森林大火弥漫的烟雾"。当他靠近时,捕捉这样一个铺天盖地的场景就更具挑战了。"置身蝗虫群中,我的肾上腺素如同风云骤起般涌了上来,我试图拍到最好的图像,不知道哪个角度能最好地描绘这一奇观。"

这是有史以来拍摄到的最大规模的蝗虫迁徙之一,蝗虫群超过 1.6 千米宽,几乎覆盖了半座岛屿——面积比两个英国还大。一只蝗虫的体重可能只有 2~3 克,但它每天可以吃 3 倍于自己体重的食物。这意味着,一个普通大小的蝗虫群——10 亿只蝗虫——每天就可以消耗高达 9 000 吨的食物。

这使得马达加斯加已经生活在极端贫困中的 1 300 万人的生计岌岌可危。正如艾德所说,"很难想象这种规模的蝗灾会留下怎样毁灭性的破坏。我见过一片花了好几个月耕种的玉米地一天之内就被啃食殆尽,这直接摧毁了一个家庭的生计"。

摄制组帮了当地人的一些忙,他们将自己的所见报告给 FAO,以便 FAO 的工作人员能够监测蝗虫群,并研究出蝗虫接下来的去向。但他们仍然很难为自己的成功感到高兴,因为他们知道成群的蝗虫正在糟蹋庄稼。拍摄结束后,有一些好消息带给马达加斯加的农民。3 年过去后,蝗灾似乎有所缓解,这就意味着——就目前来讲——FAO 根除蝗虫的努力成功地减小了这些惊人的昆虫所造成的可怕破坏。

▶ **加入蝗虫群。**摄影师罗布·德拉维特在蝗虫群周围跑动,用广角镜头在蝗虫的飞行高度进行拍摄。这台装备很轻,可以手持、稳定相机并缓冲任何晃动,这样罗布就可以跟着蝗虫们进行移动拍摄,这在以前只能通过巨大的悬臂吊车实现。

企鹅天堂，人间冰狱

近 60 年来，英国广播公司自然历史部挑战极限，拍摄了一些在地球上最艰难的环境中生存的野生动物，但很少有拍摄工作的难度像在扎沃多夫斯基岛拍摄企鹅时那么大。扎沃多夫斯基岛是一座活火山，也是最偏远的亚南极群岛中的一座。为了在这样一个高难度的位置拍摄，规划工作就花费了一年的时间。

扎沃多夫斯基岛是世界上最大的企鹅栖息地，在这里一定能拍摄出气势磅礴的画面——前提是摄制组可以安全地登上并离开这座常有风暴席卷的岩石小岛。为了增加成功的概率，他们向杰罗姆·庞塞特请求帮助，他比任何人都了解在南极半岛的海洋和岛屿。

饱经风霜。企鹅视角下的栖息地。当一只企鹅悉心照顾幼崽时，它的伴侣就会去捕鱼，满载而归反哺幼崽。每只在巢中站岗的企鹅都要背对大风，任暴风雪来临时雪在身上结成冰。由于没有其他山脉抵御大风，风暴在岛上接踵而至、肆虐不止，全年只有1/4的时间天气正常，能够进行拍摄。

摄制计划是在春末拍摄两周时间，在1月，帽带企鹅会生下幼崽。

光是把摄制组送上扎沃多夫斯基岛，团队就需要借助杰罗姆40多年的海上经验，制片人伊丽莎白·怀特（Elizabeth White）解释道："杰罗姆和他的游艇'金羊毛号'是我们任务成功的关键。从马尔维纳斯群岛（英国称福克兰群岛）经过7天穿越过地球上最凶恶的海洋，我们终于第一次看到这座岛——当时的情景相当梦幻，因为我们之前花了整整一年的时间才把探险队凑到一起。"

看到这座岛是一回事，真正设法登陆则是另一回事了。自从探险家在1819年圣诞夜首次发现扎沃多夫斯基岛到现在，很少有其他人去过这座灰色的火山岩岛，该岛是南桑威奇群岛中的一座，位于南乔治亚岛东南部

350 千米处。摄制组不仅得登陆，还要把他们所有的拍摄装备和生活物资安全地运送到岛上。

杰罗姆是这世界上唯一熟悉这座岛屿的人，他知道有一个可能的登陆地点：一处海浪冲刷的岩面。在难得的平静海况下，大家决定抓住机会登陆——尽管他们知道如果有人失足跌倒，整个考察行动就必须中止。他们用绳子和滑轮系统把所有的装备都运到岛上，这花了整整一天的时间。正如摄影师麦克斯·哈格·威廉姆斯（Max Hug Williams）所指出的，"对我们来说，最难的事情是在它们当中找出一条能走的路——简直是目及之处皆有企鹅"。

▲ **母船**。"金羊毛号"在扎沃多夫斯基岛抛锚后，杰罗姆（右）和船员雅安·古尔代（Yoann Gourdet）正寻找"黄道带号"可能的着陆区。

▶ **唯一的登陆机会**。在海面相对平静的一天，在唯一可能的登陆点，船员们将大量的物资和摄影装备拖上火山岩，沿着悬崖的一侧，一直运到不干扰筑巢企鹅的岩盘上。

▲ **晴天景观。** 在一个难得的晴天里，轮岗的企鹅家长与它们的幼崽，让我们看到它们的巢与巢之间正好留出了啄食和排泄的空间。它们身后是热气腾腾的火山口。

◀ **俯拍远景。** 摄影师麦克斯·哈格·威廉姆斯和皮特·麦考恩拍摄企鹅乘着巨浪试图登上悬崖。一些长冠企鹅——比帽带企鹅更具有好奇心——停下来观看摄影师的拍摄工作。

摄制组最终在一个企鹅相对较少的地点扎营，不过仍有很多好事的邻居来张望这些不速之客。虽然从没见过人类，但这些好奇的企鹅没有表现出一丝恐惧。

最后，摄制组才得以安心拍摄这壮观的企鹅群。麦克斯·哈格·威廉姆斯被眼前的景象所震惊："当你走在山脊上，看到这片帽带企鹅群，你会瞠目结舌——我从未见过如此多的动物聚集在同一个地方。这一定是全世界最上镜的地方，真是让人大开眼界。现在我们必须努力用镜头呈现出原貌。"该摄制组的另一位摄影师皮特·麦考恩（Peter McCowen）将这一场面比作格拉斯顿伯里音乐节，但是，参与者不是人，而是企鹅——数量超过 130 万只。

一切进展顺利，直到天气骤变，风暴带来了大风、大雪和巨浪，拍摄不得不中止。

当风暴平息，天气暖和了些，另一个问题出现了。虽然冰雪融化意味着摄制组可以重新开始拍摄了，但坏消息是，他们发现自己的营地没有企鹅筑巢的原因了——营地正好位于混合着企鹅粪便的雪水流经的路上。

每一天都会出现一个更大的新挑战。一场更大的风暴迫使摄制组回到他们的帐篷躲避了两天，至少在那里面比较温暖舒适。但是成年企鹅除了出海去为它们饥肠辘辘的孩子捕鱼外，别无选择，于是便有了这样一个令人痛心的景象，企鹅们努力在巨浪中求生存。

"海滩是一个死亡和毁灭的现场——一场绝对的屠杀，"制片人伊丽莎白·怀特说，"它们奋力攀上悬崖，有的浑身是血，还有的断了腿。"摄影师皮特·麦考恩目睹了企鹅被拍击到巨石上，又被巨浪卷起抛到15米的高空中。

在拍摄完如此震撼的场景后，摄制组准备回家了，但现在他们面临着至今为止最大的一个问题。风暴让浪涌变得很大，这意味着很难发动"黄道带号"来接他们。但是他们只剩下够用几天的食物和水了，天气预报说未来几天的暴风雨会更凶猛，浪涌也会更汹涌，他们别无选择，只能趁最后一线机会离开小岛。杰罗姆用他毕生的经验，操纵他的充气船"黄道带号"接近岸边，算好巨浪和海水的冲刷时间来靠岸。随着浪涛越来越大，困难的登船任务就开始了，先是用绳子把所有装备都运到船上，再是摄制组人员跟着登船。

两小时后，多亏了杰罗姆的高超技术，他们都回到了"金羊毛号"上，在岛上所拍摄到的无与伦比的壮观画面也都安然无恙地保存在设备里。

▶ **简陋的大本营**。这里是唯一一处没有企鹅的地方。这里会被暴风卷起的浪花溅到，但是能抵御住可以将帐篷吹翻的下降风。风暴来了的时候，大家才清楚地知道为什么企鹅不在这里筑巢：从山坡上流下的污水将这里变成了粪便池。

羚羊的末日

野生动物拍摄者对突发事件已经司空见惯了：由于运输问题、恶劣天气和政治动荡，他们常常只能取消拍摄或缩短拍摄时间。但当制片人查登·亨特（Chadden Hunter）拍摄哈萨克斯坦大草原上成群的高鼻羚羊时，眼前的景象令他难以置信。

科学家们早就知道，高鼻羚羊的种群数量有盛衰循环。由于人类的捕杀，最近 20 多年来高鼻羚羊的数量减少了 95%。过去，至少有几百万只

▲ **拍摄高鼻羚羊摄制组的营地。**
摄制组的人员和科学家们在距离高鼻羚羊群分娩地点两三千米的地方建立了大本营，他们正在吃晚饭。这辆军用卡车不仅为他们在干草原上搜寻高鼻羚羊时提供陆路运输，还是他们的厨房和摄影工作室。

这样奇异的羚羊漫步在这片亚洲中部无垠的草原上，但到了 2000 年，它们在野外的数量就只剩 26 000 只了（哈萨克斯坦的 3 个羚羊群和俄罗斯的一个羚羊群，外加蒙古一个单独的亚种小羚羊群）。

但目前高鼻羚羊的种群数量已经反弹，上升至 20 万 ~30 万只，大部分分布在哈萨克斯坦。所以在查登和摄制组的人员与哈萨克斯坦和德国的科学家一起到达前，他们相信羊群的数量会很可观。摄制组是来拍摄一年一度的高鼻羚羊繁殖过程的——春天里一个短暂的时间段内，每一只雌羊都会产崽——"数量决定安全"，以最大限度地提高每一只小羊的生存机会。

查登由马丁·科尔贝克（Martyn Colbeck）陪同，马丁是全世界最技艺高超且经验丰富的野生动物摄影师之一。马丁比其他几乎任何人都了解高鼻羚羊，他在 1989 年首次拍摄了一部具有开创性的纪录片《生命之源》。他在 2005 年想为《人类星球》拍摄高鼻羚羊，但在那时，高鼻羚羊的种群数量处于最低谷，它们的未来也毫无保障。所以当查登请马丁为这部纪录片拍摄高鼻羚羊时，他抓住了这个机会。不过，这广袤无垠、一览无余、天空浩瀚无垠的地方可不是工作的好地方。

摄制组的第一项工作是找到一群雌性高鼻羚羊，并找到它们将要分娩的地方。他们之所以可以找到这群羚羊，是因为科学家们之前在其中一些高鼻羚羊身上安装了无线电项圈。

分娩后，雌性高鼻羚羊便把自己的孪生幼崽们藏在草丛中，待上一两天，直到它们能够行走。为了拍摄小羊，摄制组凌晨 3 点就来到草原，为马丁和他所有的装备挖一个洞，让他在里面待上一天，这样他就不会打扰到这些容易受惊的动物。可就在他们开始拍摄前，马丁感觉到有点不对劲。

"在去羚羊产崽地的路上，我们偶然会看到远处有高鼻羚羊的尸体，在热腾腾的雾气中微微发光。如果只有一只，那估计是老羚羊老死或因病而亡，可继续走下去我们看到了更多的尸体，我们的科学家向导开始不安起来。我试着回忆我上次拍摄时是否看到过尸体，但我并没有这个印象。"到了行程的第三天，摄制组人员看到了几百具尸体。

摄制组继续拍摄，在地下藏身洞里，马丁设法拍摄到了羚羊哺乳的亲密视频，不过仍有动物在陆续死去。马丁回忆说："尸体的数目一天天在增加。诡异的是，似乎没有什么外部证据证明这些动物生病了。尸体显示

▶ **隐藏着的马丁。**摄影师马丁·科尔贝克正准备从他待了 15 小时的狭小闷热的藏身洞出来。第一天的工作进展顺利，他拍摄到了高鼻羚羊清晨哺乳的画面。但在他隐身处的后面是第一批死去的雌性高鼻羚羊。

出腹泻和一些鼻部出血的迹象，但在其他方面，它们看起来非常健康。"天公也不作美，一场巨大的暴风雨席卷了整个地区，摄制组不得不撤退到营地。暴风雨过后，其中一位科学家去查看这个有10万只高鼻羚羊的羊群的状况——这是世界上已知最大的羚羊群。当他回到营地时，只简短地说："完了，它们都死了。"

摄制组回到繁殖地的第二天，查登简直不敢相信自己的眼睛，"这就像是末日审判，数以万计的高鼻羚羊尸体一直延伸到天边"。

身为野生动物摄影师，马丁在他长长的职业生涯中，从未目睹过这般场景。"简直不忍直视，小羊甚至试图吮吸它们死去的母亲的奶。当这些孤儿散布在草原各处，徘徊着寻找它们的母亲时，场面就更惨不忍睹了。真让人心碎。拍摄这么多年来，我从没目睹过这番景象。真是匪夷所思——难以想象是什么会导致这样大规模的流行病。"

马丁发现最让人心痛的不仅仅是这个末日场面，还有一件震撼人心的小事。"对我来说最痛苦的时刻是，有一只小羊崽来到我的藏身处找妈妈，它站在近处对着我咩咩叫，而我却束手无策。"

不久之后，军方到达了，他们自然而然地认为英国广播公司的新闻摄制组正在拍摄这场大规模的自然灾害，尽管摄制组申辩说，他们只是对健康的小羊和雌羊感兴趣，但军方依然要求摄制组停止拍摄并交出他们所有珍贵的影片。查登开始复制马丁的素材，用以备份。这是个险招，但是成功了。

他们在离开之前，见证了一次非凡的清理行动，军方把数以万计的动物埋进巨坑里。"就像是《X档案》中的情景，"查登说，"他们用推土机挖出一栋房子大小的巨坑，大卡车和好几队身穿白色隔离服的人把高鼻羚羊堆积如山，以便埋葬。到了第二天早晨，就没有任何高鼻羚羊存在过的迹象了。"

◀ **出生前……和死亡前。**一位德国科学家在拍摄羊群啃食茂盛的青草的画面。这是第一天的拍摄，高度紧张的高鼻羚羊已经靠近到距营地200米的范围内。摄制组充满希望。

◀ **伤亡。** 第一只被发现已死亡的高鼻羚羊——一只雄性。它透亮的羊角让偷猎者趋之若鹜，但这对羊角完好无损，也没有迹象表明它的死是因为何人或何物。

▶ **丧母。** 一只饥肠辘辘的小羊羔接近马丁的藏身处和麦克风，希望找点东西吮吸——这是一夜之间数以千计的雌羚羊死亡后令人心碎的画面。

　　他们回国后，这一非同寻常的事件开始被新闻媒体报道。最终，查登发现，才过了一周多时间，全球 70% 的高鼻羚羊——至少 20 万只——已经死亡，这一与众不同且已经岌岌可危的物种陷入了灭绝的危险。

　　一种理论认为，在温暖潮湿的春天，树木丛生、百草丰茂，使得高鼻羚羊携带的通常无害的细菌转变为致命细菌。而相隔数千米的两个互不相干的羊群同时受到影响，矛头就指向了环境诱因，而非传染性病原体。

　　尽管他们目睹了这一灾难性事件，查登还是对这种神奇动物的未来持谨慎乐观态度，部分是因为高鼻羚羊的生理规律——它们曾经从与此相似但较小规模的大批死亡中恢复过来——部分是因为，哈萨克斯坦当局正努力保护剩下的羚羊不被偷猎者杀害。马丁说："近年来高鼻羚羊的种群数量波动很大，它们显然有迅速反弹的能力，因为雌性高鼻羚羊在不到一年的时间内就能达到性成熟，大部分都能产下孪生幼崽。所以我很看好高鼻羚羊能再一次恢复过来，并继续漫步在大草原上。"

拍摄浑水中的淡水豚

"丛林"（见第 1 章）摄制组遇到的最离奇的事件之一，是在亚马孙河的偏远地区发现了一种新的哺乳动物。在热带雨林中，人们经常发现昆虫和其他小动物的新物种，而新发现的大型哺乳动物，为本就富有生物多样性和各种惊喜的雨林增添了一抹亮色。

制片人艾玛·纳珀（Emma Napper）和摄影师汤姆·克劳利（Tom Crowley）冒险进入亚马孙盆地中心的一片泛洪森林，这是世界上最难拍摄的地方之一。他们的目标是拍摄阿拉瓜亚河豚，这种淡水豚在 2014 年才被科学家发现。但是他们很快发现此行注定不会一帆风顺。这些淡水豚很害羞，大部分时间都待在水下，只浮上水面片刻便消失在泥水中。况且，

▲ **在泛洪森林中航行。**摄制组将一台稳定装置安装在悬臂上，固定在独木舟上，寻找着难以捉摸的阿拉瓜亚河豚。

它们不是在开阔的水域里，而是在泛洪森林深处的树木间游泳，成功拍摄的可能性很小。

第一个问题是要找到这些淡水豚。在该地区研究水獭的科学家曾经见过淡水豚穿梭在被淹没的树林中。但是他们并非每天都监测着它们。汤姆回忆说："大家总会说：'你真该昨天来这里的！'无论我们走到哪里，淡水豚都已经离开了。"所以他们找了一个当地的向导华雷斯帮忙，后来证明他非常了解动物的行为。艾玛说："一定要找土生土长的当地人帮忙，只有他们才清楚淡水豚的出没时间和地点。"

几天后，他们开始在树林中窥见淡水豚的身影。但将它们拍摄下来几乎是不可能的，因为阿拉瓜亚河的水是非常浑浊的，所以水下相机派不上用场。拍摄还必须在一条摇摇晃晃的独木舟上进行。另外，河里巨大的鲇鱼浮出水面的样子酷似淡水豚。正如艾玛所意识到的，人们对这些动物知之甚少的一大原因是："它们就像幽灵一样。发现淡水豚的唯一途径是，寻找水里的一些细微迹象，然后能在淡水豚浮上水面呼吸前几秒就把摄像机对准正确的方向。"汤姆说："问题是，你听到它们声音的时候只知道它们的存在，而实际上你已经错过了它们，因为它们已经离开了。"

这片森林的洪水并非凭空出现的，摄制组不得不经历突如其来的巨大暴风雨。还有一次，暴雨之后巨大的冰雹打落在他们毫无遮挡的独木舟上——这是当地人第一次见到冰雹。暴风雨过去后，汤姆回忆说："当时有一束美丽的橙色太阳光穿过雨帘——那是一个千载难逢的时刻。但是，当时我们的相机因为怕被暴雨毁掉都被安全地收好了，没能捕捉到这个镜头。"

尽管挫折不断，他们对淡水豚的了解倒是增进了不少，于是几个月后，他们又带着拍摄淡水豚的特殊设备回来了：一个陀螺平衡三脚架，可以放在摇摆不定的独木舟上固定住拍摄装置，让他们能用长焦变焦镜头拍摄。他们还有一台无人机，用它拍到了一些新东西。淡水豚既不是独居动物，也不是像人们以为的那样生活在一两个种群中，它们三两成群，自由组合。"从无人机的视角，可以看到水面下淡水豚的身影。突然，我们意识到船边上的淡水豚不是一两只，而是七八只。这是一个全然不同的视角。它们

围绕着这艘船，但从水面上什么也看不见。"汤姆本想下水去拍摄，但由于可能碰到凯门鳄、赤魟和能够一口咬下人的一条腿的大鱼，所以下水不可行。他们将一台小摄影机拖在船后拍摄，但是能见度不足——小于1米，这意味着最后只有几段能用的镜头。

淡水豚可能很难找到，但是许多其他的动物都清晰可见。摄制组住在一个小木屋里，它搭建在一小块陆地上的木桩上。"每一种想保持干燥的动物都和我们一起待在木屋里：蜘蛛、蝎子和大老鼠。小木屋里挤满了动物。"

在拍摄结束时，汤姆和艾玛终于实现了他们几乎不可能达到的目标：一段科学上鲜见于人的新物种的镜头。艾玛说："这绝对是我拍过的最难拍摄的动物了——我们一直都知道，如果我们拍到的镜头不够多，就没法剪辑成影片，那么所有的时间和精力就都白费了。所以，我很高兴我们终于成功了。"

▲ **航道宽镜头。** 当制片人艾玛·纳珀操纵悬臂的时候，汤姆·克劳利正查看镜头和拍摄角度，调整相机焦距。

▶ **最近的目击。** 一只淡水豚的头部浮出水面两秒，它正在安静地换气。这是在独木舟上最近距离拍摄到的一只淡水豚。

◀ **夜班骨头处理者。** 一只鬣狗在警察局旁稍作停留，边嗅气味边听动静，然后才穿过通往肉市的狭窄通道。晚上，肉市空无一人时，哈勒尔的小巷中回荡着鬣狗的叫声。

鬣狗之城

如果要选一种想避而远之的哺乳动物，大部分人都会将斑鬣狗排在前几位。身为非洲第二大的陆地食肉动物，鬣狗令人闻风丧胆。不同于狮子，它们被视为邪恶、狡猾的机会主义者，总想伺机轻而易举饱餐一顿。所以，当制片人弗雷迪·德瓦斯（Fredi Devas）听说了埃塞俄比亚古城哈勒尔（Harar）中的趣闻——哈勒尔的居民非但不驱赶鬣狗，反而欢迎它们并加以喂养，他对此很感兴趣。

400年前建造城墙的人似乎知道城里有个清道夫小队的好处。他们为鬣狗留了适合它们身形大小的通道，让它们可以进城大嚼人们吃剩的骨头，而在战争时期，它们甚至还能够在尸体腐烂并传播疾病前就把尸体处理干净。

在任何一座城市里进行拍摄工作都可能是一件棘手的事——安全保障一直是个问题，既要保障摄制组的安全，又要确保被拍摄的人和动物不受打扰。在哈勒尔的拍摄尤其困难，这里的街道很狭窄，有蜿蜒的小巷和石阶，还有拥挤的人群。据野生动物摄影师约翰·艾奇逊（John Aitchison）回忆说："我人生第一次感到如此紧张和刺激，总感觉有一个大型动物正在暗中跟着我，由于它爪子上的肉垫很柔软，我听不见它移动的声音。这一定是我们的祖先所熟知且害怕的东西。"

弗雷迪、约翰和为他们打理事务的拉马丹（Ramadan）使用一种特殊的低照度相机，每晚都出发寻找并拍摄成群的鬣狗在老城中心的肉市啃食骨头和残渣的画面。对于在非洲草原上拍摄过鬣狗的约翰来说，这一次他对这些通常小心谨慎的动物的态度需要立马转变了。"头一个晚上，我跪在暗处，突然感觉到手上传来震动，有什么东西抓住了三脚架的把手。我原以为是个人，结果却发现是一只鬣狗正直勾勾地盯着我。它停顿了片刻，便绕开三脚架，朝着它平常进食的地方走去。"

和所有在城市里的拍摄工作一样，摄制组遇到了一些意想不到的问题。哈勒尔市的市长听说一个英国广播公司的摄制组在市里，正好选举在即，就决定让这里焕然一新——这意味着每天晚上油漆匠们都会聚集在肉市广场上，给这里改头换面。这引发了各种各样的画面连续性问题，因为拍摄背景不断呈现出新的颜色。摄制组的另一位摄影师路易斯·拉布隆（Louis Labrom）设法拍摄到了一些鬣狗会合和进食的精彩片段，但这只是故事的一半。约翰解释道："拍摄完肉市广场之后，要转而拍摄城墙外的鬣狗。在城里，鬣狗们会休战，不同部族的成员和平相处，有时甚至互相问候，但在城外就大相径庭了。"

摄制组发现十几只鬣狗在城墙外的鹅卵石街道上巡逻，像是要寻衅滋事的黑帮，它们路过一束街灯的灯光时，皮毛上的斑点发出黄色光芒，然后它们隐入暗处，再进入另一个部族的领地。现在，只有一到两个路灯提供照明，微光相机发挥了它的作用，使约翰能够捕捉到一场100多只鬣狗进行领地之争的精彩画面。但是，尽管这次相遇看起来很暴力，鬣狗还是有所克制，没有重伤对方。

对于弗雷迪来说，最让人咋舌的时刻是他们完成拍摄的那天夜晚。他们坐在尤瑟夫的厨房里，他是第五代鬣狗饲养人。"尤瑟夫的妻子正坐在台阶上，给只有几个月大的孩子喂奶。一只鬣狗走进厨房进食，然后跑过来嗅闻婴儿的头。但孩子的母亲对此无动于衷，继续在喂奶。"

约翰也对鬣狗与我们的关系有了新的认识。"在哈勒尔的小巷和市场，鬣狗跨过了野生世界和人类城市之间的界线。这些对人类充满信任并且获得人类信任的动物给了我们希望，类似的事情在其他地方也可能发生——大型食肉动物和宽容的人们可以做到相互信任。"弗雷迪也同意这个观点："这是这部系列纪录片中最与众不同的典范，显示出人类与野生动物之间相互尊重的关系。"

▶ **平视视角**。约翰·艾奇逊夜晚的工作是拍摄肉市广场，用低照度摄像机以平视视角记录鬣狗啃咬骨头的场景。如果有不少的残羹冷炙，那么在场的狗（垃圾收集者）会虚张声势地恐吓鬣狗。广场周围是肉店和小摊铺。

▶ （**第302~303页**）**走向黎明**。汤姆·沃克走在以色列内盖夫沙漠的拉蒙陨击坑边缘，寻找拍摄努比亚羱羊的最佳地点。努比亚羱羊还在陨击坑下面的悬崖睡觉，但很快就会醒来并下山到沟渠中饮水。汤姆带着简易钻机臂，以便于爬到拍摄地点时在大风中将摄像机固定住。

致　谢

　　这是一本由英国广播公司（BBC）自然史部门制作的具有里程碑意义的系列纪录片《地球脉动2》的衍生图书，该片延续了热门野生动物系列纪录片《地球脉动》的风格，由新一代电视系列纪录片的制片人制作。

　　整个制作团队、摄制组和众编辑都值得嘉奖，因为他们创造了这一非凡的电视节目。在全球范围内完成100多个拍摄行程和近一年的后期制作，要实现如此规模和雄心的系列纪录片，成就这一伟大事业，只有借助于世界各地的合作者的专业知识、慷慨帮助、奉献精神和工作热情。

　　《地球脉动2》团队向在3年半的制作过程中为这一系列纪录片做出贡献并参与其中的人们表示真诚的感谢。

　　对于这本书，作者想感谢该系列纪录片的总制片人汤姆·休-琼斯（Tom Hugh-Jones），还要特别感谢其他6位制片人，他们为各章的完成做出了诸多贡献，包括最后一章，这一章讲述了这部纪录片是如何制作的。这6位制片人分别是：艾玛·纳珀（Emma Napper）（第1章"丛林"）、贾斯汀·安德森（Justin Anderson）（第2章"山脉"）、艾德·查尔斯（Ed Charles）（第3章"沙漠"）、查登·亨特（Chadden Hunter）（第4章"草原"）、伊丽莎白·怀特（Elizabeth White）（第5章"岛屿"）和弗雷迪·德瓦斯（Fredi Devas）（第6章"城市"）。还要感谢马特·亚当·威廉姆斯（Matt Adam Williams）帮忙核实各章的内容。

制作团队

Justin Anderson	Nick Green	Theo Webb	Martyn Colbeck	Rob Hawthorn	Duncan Parker
Jo Avery	Mike Gunton	Elizabeth White	Robin Cox	Mike Holding	Mark Payne-Gill
Clare Bean	Joanna Haley	Evie Wright	Tom Crowley	Jonathan Jones	Ann Prum
Vanessa Berlowitz	Hannah Hoare	Amy Young	Sophie Darlington	Sandesh Kadur	Philip Richardson
Charlotte Bostock	Tom Hugh-Jones		Simon de Glanville	Casey Kanode	Michael Sanderson
Emma Brennand	Chadden Hunter	**摄制组**	Ewan Donnachie	Michael Kelem	Tim Shepherd
James Brickell	Jonny Keeling	John Aitchison	Rob Drewett	Richard Kirby	John Shier
Victoria Bromley	Mandy Knight	Guy Alexander	Dawson Dunning	Louis Labrom	Warwick Sloss
Ed Charles	William Lawson	Ryan Atkinson	Justine Evans	Tim Laman	Alastair Smith
Billy Clarke	Laura Meacham	Steve Axford	Tom Fitz	Pete McCowen	Mark Smith
Maddie Close	Emma Napper	Luke Barnett	Kevin Flay	Lindsay McCrae	Lianne Steenkamp
Natalie Cross	Toby Nowlan	Brad Bestelink	Derek Frankowski	Alastair MacEwen	Will Steenkamp
Linda Dale	Ruth Peacey	Ralph Bower	Robbie Garbutt	Mark MacEwen	Rolf Steinmann
Samantha Davis	Danielle Sykes	Barrie Britton	Susan Gibson	David McKay	Paul Stewart
Fredi Devas	Paul Thompson	John Brown	Jon Griffith	Jamie McPherson	Toby Strong
Stacey Emilou	Beth Till	Bernt Bruns	Nick Guy	Justin Maguire	Mat Thompson
Sandra Forbes	Miraca Walker	Gordon Buchanan	Michael Haluwana	Christian Muñoz	Gavin Thurston
Cleone Fox	Lexi Walling	Will Burrard-Lucas	Dale Hancock	Donoso	Jacques-Olivier Travers
	Sarah Jane Walsh	Richard Burton	Graham Hatherley	ChriStiaan Muñoz Salas	Richard Uren

Johan Vermeulen
Tom Walker
Simon Werry
Robert Whitworth
Darren Williams
Max Hug Williams
Mateo Willis
Miguel Willis
Nick Wolcott
Richard Wollocombe

场地助理
Angchuk
Tsetan Angchuk
Bernard Bailey
Zablon Beyene
Paul Brehem
Matt Brierley
Simon Byron
Chiring
Mauricio Copetti
Om Prakash Dave
Denis Delevaud
Fabio Di Segni
Rainer Dolch
Pastora Donoso
Tsering Dorje
Yohann Dubouloz
Sonam Dukis
Aaron Durogati
Sarah Edwards
Ramadan Fajaja
Pam Fogg
Tim Fogg
Chesley Ford
Hailu Gashaw
Alexandre Gaspari
Gayso
Bhuban Gogoi
Harold Greeney
Nawang Gyalsen

Dorjay Gyalson
Jostein Hellevik
Marc Holderied
Armin Holtze
Myra Hughey
Royston Jaafar
Nilakrisna James
Inga Jänecke
Jigmet
Alka Kalla
Wangchuk Kalon
Sumit Khutale
Danielle Klomp
Carmi Korine
Szilard Kovacs
Brian Kubicki
Oliver Laker
Devi Lal
Aiton A Lara
Charmaine Li-Jepson
Jack Lockwood
Basie Longchamps
Sebastian Loram
Jean Paul Magnan
Jose Montanez
James Mppre
Morup
Nazir Mujawar
KC Namgyal,
Nima
Noobu
Norbu
Alejandro Nunez
Padrna
Roberto Pepolas
Khenrab Phuntsog
Leopoldine Picardat
Jimmy Pincay
Manus Pitt
Zac Poulton
Shita Prativi

Dankumar Rai
Ramadan
Jon Rees
Rigzen
Bill Rudolph
Jungle Run
Milan Ruzic
Yusef Muuma Saleh
Edwin Scholes III
Ganesh Sehu
Goutam Sharma
Vijay Sharma
Bhanu Pratap Singh
Digpal Singh
Sher Singh
Nitye Sood
Stanzin
Vishal Survarna
Mark Terrell
Catrin Thomas
Krishna Tiwari
Smanla Tsering
Uchock Wanua
Chris Watson
Darren West
Ingrid Wiesel
David Willord
Matt Wilson
Steffen Zuther

后期制作
Films at 59
Miles Hall

音乐
Russell Emanuel
Bleeding Fingers
Catherine Grimes
Jasha Klebe
Natasha Pullin
Jacob Shea

Hans Zimmer

剪辑师
Nigel Buck
Nick Carline
Angela Maddick
Matt Meech
Dave Pearce
Steve Phillips
Jack Roberts
Gary Skipton

在线编辑
Frank Ketterer

配音编辑
Kate Hopkins
Tim Owens

混音师
Graham Wild

调色师
Adam Inglis
Chris Short

平面设计
Coffee & TV

德国电视二台
Uta von Borries

**英国广播公司
美国频道**

BBC Worldwide
Patricia Fearnley
Monica Hayes
Hayley Moore
Jo Sermon

特别鸣谢
101 Park Ave, NYC
Aboriginal Affairs &
   Northern
   Development
   Canada
Jose Vallejos
   Aguinaga
Andasibe-Mantadia
   National Park
Robyn Appleton
ARCAS Wildlife
   Rescue &
   Conservation
   Guatemala
Arizona-Sonora
   Desert Museum
Arviat HTO
Association Mitsinjo
Atlantic Cycles, NYC
Baker Lake HTO
Maciej Bartos
Marcus Baynes-Rock
Christine Bays
Ben Gurion University
   of the Negev
Lionel Bigthumb
Birdlife Townsville
Peter Blackwell
Stefano Boeri
Barbara Bolz
Bosco Verticale, Milan
Natasha Breed
Charlie & Beatrice
   Brown
Brown Hyena Project
Darren Browne
April Burt
Page & John Burt
Rhonda Calma
Cambridge Bay HTO

Canadian Wildlife
   Services
Filippo Caputo
Sebastian Castillo
Cat Conservation
   Trust
Centro de Reabilitação
   de Animais
   Silvestres, Brazil
Adrian Toh Yong
   Cheang
Adeline Chong
Christmas Island
   National Park
Geri Clever
Renato Comin
Cornell University
Cousine Island
Crater Lakes
   Rainforest Cottages
Andy Crawford
Lenin Cruz & the
   Pirata
Jigmet Dadul
Carla Daniel
Fyz Darby
Robin Darius Conz
Dr Indraneil Das
Maël Dewynter
Natalie Doerr
Serge Duclos
Ein Gedi Nature
   Reserve
Ekonomsko-
   trgovinska škola
Elephant Human
   Relations Aid
Environment Canada
Juarez Sena Feitoza
Marcelo A Flores M
Clifford & Dawn Frith

Galápagos National Park
Gardens by the Bay
Brad Gates
Laura Gatti
Kelli Gillard
Murray Gillespie
John Gitiri
Gjoa Haven HTO
Glacier National Park
Cobabeb Research & Training Centre
Daniel Aldo Gomez
Dr Rajesh Gopal
Byron Göpper
Ariella Gotlieb
Govt of Alberta: Tourism, Parks & Recreation
Govt of Assam: State Forest Dept; Office of the Principal Chief Conservator of Forests & Chief Wildlife Warden; Office of the Divisional Forest Officer
Govt of Botswana: Ministry of Environment, Wildlife & Tourism
Govt of Chile: Corporación Nacional Forestal
Govt of India: High Commission of India, Press & Information; Ministry of
Environment & Forests (Wildlife Div.); Ministry of External Affairs (XFM Div.); National Tiger Conservation Authority
Govt of Indonesia
Govt of Israel: Nature & Parks Authority
Govt of Jammu & Kashmir: Wildlife Protection Dept
Govt of Malaysia
Covt of Namibia: Ministry of Environment & Tourism
Govt of New Zealand: Dept of Conservation; Dept of Forestry
Govt of Nunavut: Dept of Environment Impact Review Board
Govt of Peru: Servicio Nacional Forestaly de Fauna Silvestre; Servicio Nacional de Áreas Naturales Protegidas porel Estado
Govt, Sarawak State: Forestry Dept; Tourism Board;
Govt of Seychelles: Film Unit
Covt of South Georgia &
the South Sandwich Islands
Grand Teton National Park
Marina Gray
Guango Lodge
Jemal Guerrero
Johannes Haasbroek
Rachel Harris
Jean Hartley
Quintin Hartung
Zeidan Hassan
Blair Hedges
Hemis National Park
Henk Haazen & the Tiama
Wally Hestermann
Hoedspruit Endangered Spesies Centre
Rupert Hogg
Marion Holmes
Julia Horrocks
Insituto Araguaia
Interchurch Centre, NYC
Jaguar Camp
Kaziranga National Park
Mr & Mrs Keeley
Jack Kiiru
Kikinda, Gimnazija Dušan Vasiljev
Kitikmeot Inuit Association
Kivalliq Inuit Association
Guillermo Knell
KSDA
La Selva Biological
Station
Lisa Ladyhawke
Lalibela Game Reserve
Sam Lappage
Living Desert Snake Park
Graham Lock
Janice Lord
Bertrand Loyer
Maasai Mara National Reserve
Suzane McDonald
Dion Maple
Pui Yong Min
P C Mishra
Annie Monard
Mossman Gorge
Mount Kenya
MTA Bridges, NYC
Christopher A Nadareski
NAMDEB
Tsewang Namgail
Namibrand Nature Reserve
Naturatins
Nature Seychelles
Navajo Nation Parks
Glenn Naylor
Adarsh NC
Shri H S Negi
Tony Nunnery
Nils Odendaal
David Okita
O'Reilly's Rainforest Retreat
Organization for Tropical Studies
Pacha Quindi Nature
Refuge
John Paczkowski
Termas Papallacta
Tom Partello
Tara Pathak
Ange Peers
Jérôme Poncet & the Golden Fleece
Kelly Pote
Hasinbelo Rakoutouvaou
Rankin Inlet HTO
Hantanirina Rasamimanana
Reserva El Bagual
Reserva Las Brisas
Adi Shabrani bin Mohammad Ridzuan
Riverside Church, NYC
Ropeskills Rigging SDN BHD
Sagamartha National Park
Paul Sagar
Joe St Onge
Sama Jaya Nature Reserve
Cheryl Sanchez
Romer Isai Sanchez Aguinaga
Bob Sanderson
Sanjay Gandhi National Park
Frederic Santoul
Barbara Saunders
Stefan Seifert
Doembie Seymour
The Shard, London
Lea & Morley Shayuk
Shoshone National Forest
Donna Simonetti
toby Sinclair
Gustavo Smith
Snow Leopard Conservancy of India Trust
Spectacled Bear Conservation Society
Damien Stanioch
Andrew Steggall
Cassius V Stevani
Nancy Stotz
Jigmet Takpa
Jigmet Thakpa, IFS
Amanda Timmerman
Uatirohange Tjiuoro
Toucan Rescue Ranch
Daniel Trocola
Tswalu Kalahari Reserve
UniCredit building, Milan
United Nations FAO
University Malaysia Sarawak
Javier Vallejos Guerrero
Gus Van Dyk
Vadim Vivani
Bryson Voirin
Nina Voogt
Hans Waldenmaier
Whale Cove HTO
Yellowstone National Park

图片来源

1 Fredi Devas; 2~3 Denis-Huot/ naturepl; 4~5 Sergey Gorshkov; 6~7 Tom Hugh-Jones; 8~9 Peter Mather; 10 BBC; 11 Ruth Peacey

第1章 丛林

12~13 Nick Garbutt; 14~15 Christian Ziegler; 16 Suzi Eszterhas/Minden Pictures/FLPA; 18 Stephen Dalton/ naturepl; 19 Jean Paul Ferrero/ Ardea; 20~21 Christian Ziegler; 22 Murray Cooper/Minden Pictures/ FLPA; 23 fogdenphotos; 24 Jouan and Rius/naturepl; 25 Luiz Claudio Marigo/naturepl; 26 Flip de Nooyer/Minden Pictures/ FLPA; 27 Emma Napper; 28~29 Kevin Schafer; 30 BBC; 31t Benaya Leles; 31m BBC; 31b Instituto Araguaia; 32~33 Nick Garbutt; 34~35 Luiz Claudio Marigo/naturepl; 36 Thomas Marent/ Minden Pictures/FLPA; 37 Alex Hyde/naturepl; 38~39 Pete Oxford/Minden Pictures/ FLPA; 40~43 BBC; 44 Tim Laman/ naturepl; 45 Tim Laman/ NatGeoCreative/naturepl; 46~47 Dhritiman Mukherjee; 48~49 Nick Garbutt

第2章 山脉

50~51 Ben Hall/naturepl; 52~53 Nigel Pavitt/ Getty; 54~55 Ben Cranke; 56~57 Jostein Hellevik; 58 Michio Hoshino/Minden Pictures/ FLPA; 59 Photo Researchers/ FLPA; 60~61 Jack Chapman/FLPA; 62~63 George Steinmetz/ National Geographic Creative; 64~65 Justin Anderson; 66 BBC; 67 Cindy Goeddel; 68 Emma Brennand; 69 Cyril Ruoso/ Biosphoto/ FLPA; 71t Robyn Appleton/ SBC-Peru; 71b BBC; 72~73 Enrique Lopez-Tapia/naturepl; 74~75 BBC; 76~77 cokesmithphototravel; 78~83 Dhritiman Mukherjee

第3章 沙漠

84~85 Federico Veronesi; 86~87 Jack Dykinga/ naturepl; 88~89 Michael Poliza; 90 Ed Charles; 91 Ingo Arndt/ naturepl; 93~94t Ed Charles; 94b~95 BBC; 96~97 Theo Allofs/Minden Pictures/ FLPA; 98~99 Ed Charles; 100~101 BBC; 102~103 Solvin Zankl; 104~105 Michael Poliza; 106~108 Ed Charles; 109t~111 BBC; 112~113 Wendy Dennis/FLPA; 114~115 Sergey Gorshkov; 116~119 Will and Lianne Steenkamp; 120~121 Steenkamp/ BBC; 122~123 BBC

第4章 草原

124~125 John Walters/naturepl; 126~127 Michael Poliza; 129 BBC; 130 Sandesh Kadur/ naturepl; 131 Dhritiman Mukherjee; 132~133 Wim van den Heever/naturepl; 134~135 BBC; 136~140 Klaus Nigge; 141 Chadden Hunter; 142l Steve Downer/ Ardea; 142r~143l Stephen Dalton/ naturepl; 143r Brais Seara Fernandez/ Ardea; 144~145 JL Klein and ML Hubert/ naturepl; 146~151 Chadden Hunter; 152~153 BBC; 154~155 Federico Veronesi; 156~157 BBC; 158~159 Ingo Arndt/Minden Pictures/ FLPA; 160 Gael Le Roch/Biosphoto/FLPA; 161 Ben Cranke; 162 BBC; 163 Chadden Hunter; 164~167 Sergey Gorshkov

第5章 岛屿

168~169 Elizabeth White; 170~171 Craig Turner/Lighthawk; 173 Bryson Voirin; 174 BBC; 177 Isak Pretorius; 178~179 Emma Brennand; 180~181 Andrey Gudkov; 182~183 Maiël Dewynter/ Fondation Biotope pour la Biodiversité; 184l Thorsten Negro/Imagebroker/ FLPA; 184r Nicolas Cegalerba/Biosphoto/ FLPA; I851 Konrad Wothe/naturepl; 185r Nick Garbutt; 187 Ben Cranke; 188~189 Andy Rouse/naturepl; 190 Emma Brennand; 192 Tui De Roy/ Roving Tortoise Photos; 193 Mark MacEwen/naturepl; 195 Elizabeth White; 196~197 Ragnar Th Sigurdsson/ arctic-images; 199~201 Tui De Roy/ Roving Tortoise Photos; 202~203b BBC; 204~206 Stephen Belcher; 207 BBC; 208~209 Elizabeth White; 210~211 Maria Stenzel

第6章 城市

212~213 Steve Winter/National Geographic; 214~215 Tom Hugh-Jones; 217~221 Fredi Devas; 222 Paul Thompson; 223~225 Fredi Devas; 226 Florian Moellers; 227 lngo Bartussek; 228~233 Fredi Devas; 234 Tim Laman/ naturepl; 236~237 BBC; 239 Paul Thompson; 240~241b BBC; 242~243 Fredi Devas; 244~245 Jim Richardson/ National Geographic Creative; 246 Jim Richardson/ Getty; 247 BBC; 248~251 Steve Winter/ National Geographic; 252~255 BBC

第7章 幕后的故事

236~237 Darren West; 258~259 Paul Thompson; 260~261 Bryson Voirin; 262 Fredi Devas; 263~265 Paul Thompson; 266~267 Emma Brennand; 268~269 BBC; 270 Justin Anderson; 271 BBC; 272~273 Dhritiman Mukherjee; 274~277 Ed Charles; 278~285 Elizabeth White; 286~292 Chadden Hunter; 293 Martyn Colbeck; 294~297 Jean-Paul Magnan; 298~301 Fredi Devas; 302~303 Emma Brennand

308~309 Dhritiman Mukherjee; 310~311 Mark MacEwen

t—顶图；b—底图；l—左图；r—右图；m—中图。

图书在版编目（ＣＩＰ）数据

地球脉动. 2, 奇迹世界 / （英）斯蒂芬·莫斯
(Stephen Moss) 著；丁亚琼等译. -- 北京：人民邮电
出版社，2018.12
　（BBC自然探索）
　ISBN 978-7-115-49148-0

　Ⅰ. ①地… Ⅱ. ①斯… ②丁… Ⅲ. ①地理－世界－
普及读物 Ⅳ. ①K91-49

中国版本图书馆CIP数据核字(2018)第190243号

- ◆　著　　　　[英]斯蒂芬·莫斯（Stephen Moss）
　　译　　　　丁亚琼　刘晓艳　葛文逸　谷　禹
　　责任编辑　韦　毅
　　责任印制　陈　犇
- ◆　人民邮电出版社出版发行　　北京市丰台区成寿寺路 11 号
　　邮编　100164　电子邮件　315@ptpress.com.cn
　　网址　http://www.ptpress.com.cn
　　北京宝隆世纪印刷有限公司印刷
- ◆　开本：889×1194　1/20
　　印张：15.6　　　　　　　　　2018 年 12 月第 1 版
　　字数：411 千字　　　　　　　2024 年 9 月北京第 13 次印刷
　　著作权合同登记号　图字：01-2017-3668 号

定价：109.90 元

读者服务热线：(010)81055410　印装质量热线：(010)81055316
反盗版热线：(010)81055315
广告经营许可证：京东市监广登字 20170147 号